综合交通与人口演变

协调性分析及发展对策研究

王壹省　戴明新　周　然◎主编

四川科学技术出版社

图书在版编目（CIP）数据

综合交通与人口演变协调性分析及发展对策研究 /
王壹省, 戴明新, 周然主编. —— 成都：四川科学技术出
版社, 2025.2. —— ISBN 978-7-5727-1707-9

Ⅰ. F512.1；C924.24

中国国家版本馆CIP数据核字第2025Y3V013号

综合交通与人口演变协调性分析及发展对策研究

ZONGHE JIAOTONG YU RENKOU YANBIAN XIETIAOXING
FENXI JI FAZHAN DUICE YANJIU

主　　编　王壹省　戴明新　周　然

出 品 人　程佳月
责任编辑　胡小华
营销编辑　刘　成
封面设计　墨创文化传媒
责任出版　欧晓春
出版发行　四川科学技术出版社
　　　　　成都市锦江区三色路238号　邮政编码 610023
　　　　　官方微博 http://weibo.com/sckjcbs
　　　　　官方微信公众号 sckjcbs
　　　　　传真 028-86361756
成品尺寸　170 mm×240 mm
印　　张　12.75　　字数 255 千
印　　刷　成都一千印务有限公司
版　　次　2025年2月第 1 版
印　　次　2025年2月第 1 次印刷
定　　价　58.00元

ISBN 978-7-5727-1707-9

邮　　购：成都市锦江区三色路238号新华之星A座25层　邮政编码：610023
电　　话：028-86361770

本书编委会

主　编

王壹省　戴明新　周　然

编　委

王振宇	刘　可	叶轩宇	吕英鹰	朱乐群	李晓君	张　意
郑　霖	佟　惠	路少朋	杨子涵	吴彩英	虞飞虎	陈晓玉
刘云腾	蔡　杨	蒋雨萌	刘兆杰	刘俊涛	孟阳光	蔡　娱
张　影	张　杰	周丽丽	张翰林	肖昊玮	杨美霞	高欢庆
郭芷夷	车宇航	刘京朋				

前　言

　　交通运输是国民经济中具有基础性、先导性、战略性的产业，是重要的服务性行业和现代化经济体系的重要组成部分，是构建新发展格局的重要支撑和服务人民美好生活、促进共同富裕的坚实保障。经过长期发展，我国的综合交通运输实现了由"瓶颈制约"到"总体缓解"，再到"基本适应"的历史性转变，我国已成为名副其实的交通大国。迈入第二个百年奋斗目标的新征程，交通成为中国现代化的开路先锋，党和国家赋予了它新使命、新定位。站在新的历史起点，如何理解中国现代化开路先锋这一使命要求，如何看待交通运输发展面临的新的宏观形势，如何在复杂的新形势下正确认识、紧紧抓住、准确把握战略机遇，进而加快构建安全、便捷、高效、绿色、经济的现代化综合交通体系，是交通运输行业面临的重大课题。

　　人口状况是一个国家最基本、最重要的国情。作为世界人口大国，人口问题始终是我国面临的全局性、长期性、战略性问题。近年来，我国人口发展形势呈现诸多新变化、新特点和新趋势：从人口规模看，2022年末，我国人口为141 175万人，自1962年以来首次呈负增长；从人口结构看，我国老龄化、少子化特点明显，劳动年龄人口比重下降，长期以来依赖的人口红利效力减弱；从人口分布看，城镇化率加速上升，农村人口比例降低，城市群人口聚集度加大，东北、西北地区人口加速流失；从人口流动看，流动人口规模缓慢下降，人口省内流动占比上升。人口规模、结构、分布、人口流动等一系列因素的变化都将对经济运行、社会运转产生新的影响，也将对包括交通运输在内的一系列社会公共服务提出新的要求，带来新的挑战，只有准确识变才可以主动应变，进而积极求变。党的二十大深刻阐述了中国式现代化的五个特征。其中，第一个特征就是

"人口规模巨大的现代化"。在当好中国现代化开路先锋的使命要求下，如何应对我国人口发展呈现出的新特点、新趋势，支撑我国实现"人口规模巨大的现代化"，是综合交通运输发展中必须回答的重要课题。

基于以上背景，本书深入研究了人口变局问题对综合交通发展提出的新要求。全书共分为 10 章。在第 1 章中，我们阐述了研究的背景、目的、方法和数据来源，对研究的范围进行了界定。第 2 章对综合交通运输使命的经济、政治变化、社会内涵分别进行了阐述，并结合中国特色社会主义现代化"五位一体"总体布局对"开路先锋"进行了内涵解读。第 3 章是研究综述，从网络布局、运输结构和运输服务 3 个层面梳理了相关学者对综合交通与人口发展关系的研究，进而总结了综合交通与人口发展交互作用的机理，为本书的进一步论述奠定理论基础。第 4 章对我国人口发展历程和变化特点进行了分析和总结，着重分析了对综合交通运输供给影响较大的人口变化因素，力求厘清我国人口发展脉络，进而研判未来变化趋势。第 5 章至第 7 章通过大量数据测算、对比，分别对综合交通网络布局、运输结构、运输服务与人口演变协调性进行了分析，着重测算了交通运输对人口增长、分布和流动的支撑水平，并分析了区域差异。第 8 章总结借鉴了欧美日韩等发达国家交通应对人口负增长、老龄化、城市化等趋势的措施经验。第 9 章基于发展现状，对我国人口发展趋势进行了研判，对人口新趋势对综合交通运输的影响进行了分析。第 10 章提出了综合交通运输应对人口变局的重点策略，以期为相关部门决策提供参考。

本书的编写参阅了大量学术论文、学术专著、研究报告等文献资料，在此向相关作者表示感谢。由于编者学术水平和实践经验有限，书中难免存在疏漏之处，恳请读者批评指正。

目 录

1 绪 论 ………………………………………………………… 001

  1.1 研究背景 ………………………………………………… 001

  1.2 研究问题的提出 ………………………………………… 003

  1.3 研究内容 ………………………………………………… 004

  1.4 研究方法与数据来源 …………………………………… 007

2 现代化综合交通运输体系新使命 ……………………………… 009

  2.1 综合交通运输体系新使命：当好中国现代化开路先锋 …009

  2.2 综合交通运输体系新使命的经济内涵 ………………… 010

  2.3 综合交通运输体系新使命的政治内涵 ………………… 014

  2.4 综合交通运输体系新使命的文化内涵 ………………… 016

  2.5 综合交通运输体系新使命的社会内涵 ………………… 019

  2.6 综合交通运输体系新使命的生态文明内涵 …………… 022

3 综合交通与人口发展交互作用机理综述 ……………………… 025

  3.1 综合交通网络布局 ……………………………………… 025

  3.2 综合交通运输结构 ……………………………………… 028

  3.3 综合交通运输服务 ……………………………………… 031

  3.4 作用机理总结 …………………………………………… 034

4 我国人口现代化进程与特点 ··· 036

4.1 人口规模 ··· 036

4.2 人口结构 ··· 042

4.3 人口分布 ··· 054

4.4 人口流动 ··· 058

5 综合交通网络布局与人口演变协调性 ································· 065

5.1 综合交通网络总体规模布局 ································· 065

5.2 区域交通网络规模布局 ··· 080

6 综合交通运输结构与人口演变协调性 ····················· 106

6.1 综合交通客运结构 ··· 106

6.2 综合交通货运结构 ··· 120

6.3 客货运输劳动力情况 ··· 125

7 综合交通运输服务与人口演变协调性 ······················· 128

7.1 交通站场分布与人口 ··· 128

7.2 多元化交通服务与人口 ··· 137

8 国外交通发展应对人口演变经验的借鉴 ··················· 145

8.1 以人口演变需求为基础开展交通基础设施规划建设 ······· 145

8.2 交通基础设施建设注重区域与城乡协调 ··················· 147

8.3 开展交通基础设施长期性能观测与战略性维护 ··········· 149

8.4 综合交通运输服务注重均等协同衔接 ····················· 152

8.5 交通运输发展注重对弱势群体权益的保障 ················· 155

9 我国人口发展主要趋势及对综合交通的影响 ················ 161

9.1 我国人口发展趋势研判 ····························· 161

9.2 人口变化趋势对综合交通运输发展的影响 ············· 166

10 综合交通运输应对人口变局重点策略研究 ················ 172

10.1 合理规划分配综合交通运输线网资源 ················· 172

10.2 多措并举提高综合交通基础设施养护投入 ············· 172

10.3 完善城市群一体化综合交通运输体系 ················· 173

10.4 打造高品质交通运输服务 ························· 174

10.5 加快适老化交通运输服务建设 ····················· 175

10.6 稳慎推进建设农村交通基础设施 ··················· 176

附 录 ·· 177

1 绪 论

1.1 研究背景

当前和今后一个时期，我国发展仍然处于重要战略机遇期，但机遇和挑战都有新的发展变化。面对世界之变、时代之变，要正确认识、紧紧抓住、准确把握重要战略机遇。交通运输是国民经济中的基础性、先导性、战略性产业和重要的服务性行业，为国家经济社会发展提供了有力支撑。站在新的起点上，交通运输与经济社会发展的融合程度超过以往任何历史时期，在经济社会发展中的先行作用更加凸显。交通运输作为中国现代化的开路先锋，理应更好地发挥中国式现代化建设的先导支撑保障作用，充分研判变化发展的宏观形势，深刻认识错综复杂的国际环境带来的新矛盾、新挑战，深刻认识我国社会主要矛盾发展变化带来的新特征、新要求，深刻认识发展形势中蕴藏的机遇与挑战，理顺交通运输与经济发展、人口流动、产业发展、国土空间布局等的作用机理，结合自身发展的优势与不足，制定更具针对性的发展策略，从而在加快构建综合交通运输体系中牢牢把握战略主动权。

人口问题是事关经济社会发展的基础性、全局性和战略性问题，是经济社会发展的重要基础和核心要素。长期以来，人口被理解为经济社会发展过程中的"慢变量"，公众对我国人口发展的总体印象是基数大、增速快，庞大的人口基数对资源环境、经济发展带来巨大压力，且"人民日益增长的物质文化需要同落后的社会生产之间的矛盾"也是过去长期以来我国发展的主要矛盾，这一阶段，我国的基础设施建设、公共服务水平同人民的需求相比，总体还是"落后的"。由此，基础设施建设、公共服务供给的一个重要出发点和着力点就是满足人口规模巨大的经济社会发展要求，包括交通在内的基础设施和服务体系构建以扩总量、填空白、补短板的大规模建设为主，以匹配巨大规模人口的生产生活需求，取得了巨大的成功。2021 年 5 月，随着第七次全国人口普查结果的公布，我国人口发展的一系列指标发生了新的变化，有些指标和预测甚至颠覆了公众对人口问题的认知，因而在社会公众中产生了广泛的影响，迫使社会各界重新认识我国的人口问题及其对经济社会发展方方面面可能带来的影响，包括蕴含的机遇和可能的冲击。交通作为经济社会发展的先行官，有必要充分评估人口发展进程中的综合交通运输供给水平，充分研判人口发展形势新变化带来的机遇和挑战，在构建综合交通运输体系、加快建设交通强国、当好中国现代化开路先锋的进程中才能谋定后动、找准潜力、改革创新、深耕细作。

当前，我国综合交通运输体系建设取得了非凡的成就。基础设施方面，综合立体交通网规模庞大。我国已经建成了全球最大的高速铁路网、高速公路网、邮政快递网和世界级港口群，航空航海通达全球。截至 2022 年底，我国综合立体交通网接近 600 万千米，总规模已位居世界前列，全国铁路营业总里程 15.5 万千米，公路总里程 535 万千米，港口生产用码头泊位 2.1 万个，内河航道通航总里程 12.8 万千米，颁证运输机场 254 个，邮政实现"乡乡设所、村村通邮"，城市轨道交通运营总里程 9 584 千米，中国高铁、中国路、中国桥、中国港、中国机场、中国快递成为亮丽的中国名片。运输服务方面，我国综合运输服务能力显著提升。我国的客货运输量和周转量、港口货物吞吐量、快递业务量等指标连续多年位居世界前列，我国已成为世界上运输最繁忙的国家之一。中欧班列、远洋货轮、货运航班昼夜穿梭，全力保障全球产业链、供应链的稳定。目前，我国高速铁路已覆盖近 95% 的百万以上人口城市，动车组承载铁路旅客运输量（简称客运量）达 65%，高速公路覆盖近 100% 的 20 万以上人口城市，民用航空（简称民航）机场覆盖 92% 的地级市，百万以上人口城市公交站点 500 米覆盖率约 100%，全国乡镇快递网点覆盖率达 98%，100% 建制村通邮。"人享其行、货畅其流"初步实现，交通运输成为人民群众获得感最强烈的领域之一。

看到规模总量的同时，我们还应该看到，我国区域经济布局、国土开发保护格局、人口结构分布、消费需求特征、要素供给模式等正发生深刻变化，综合交通运输体系建设与人口发展不平衡的问题仍然突出。我国综合交通线网资源总量虽规模庞大，但人均资源占有量仍然很少。截至 2022 年，我国公路总里程达到 535 万千米，仅次于美国（685 万千米）和印度（637 万千米），居世界第三位，规模总量遥遥领先于除美国、印度外的其他国家，但人均里程仅为 37.4 千米／万人，不及美国的 1/5（美国 2022 年人均公路里程为 197.4 千米／万人）。从资源分布来看，交通基础设施建设的区域差异仍比较突出。以区域面积来衡量，东部交通网络密集，建设规模和质量较高，西部交通网络密度与东部差距较大。以人口分布规模来衡量，东部地区人均交通线网资源占有最为紧张，中西部和东北地区人均线网资源相对宽松，形成了交通基础设施建设同人口发展不协调的现实问题，且近 10 年来这种趋势更加明显。交通基础设施建设的区域覆盖不平衡性与人口发展的不协调性成为影响未来综合交通发展决策的重要因素。从运输服务来看，交通运输"重建设、轻服务"的现象比较突出，综合交通系统优化以减少运输成本为主，缺乏对社会公平、老龄友好等社会效应的考虑，服务水平同人民群众生活方式变化和日益增长的高品质服务需求之间的矛盾突出。综合交通建设发展同人口发展的不协调将会带来交通运输资源利用不足与供给紧张并存，基础设施建设投资回收困难，运营养护压力大，居民个性化、差异化出行需求难以满足等一系列消极影响。

中国式现代化的特征之一是"人口规模巨大的现代化"。实现人口规模巨大的现代化对综合交通运输来说既是机遇，也充满挑战。因此，有必要从多个角度审视综合交通运输发展同人口发展的协调性，进而有针对性地制定综合交通运输发展战略政策，以便更好地应对人口发展变局，适应人口现代化发展需求，高质量建设交通强国。

1.2 研究问题的提出

当今世界正经历百年未有之大变局，新一轮科技革命和产业变革深入发展，国际力量对比深刻调整，国际环境日趋复杂，不稳定性因素明显增加。世界经济陷入低迷期，经济全球化遭遇逆流，世界进入动荡变革期，单边主义、霸权主义对世界和平与发展构成威胁，国际经济大循环动能弱化，国际物流供应链安全稳定屡受冲击。外部环境变化带来一系列风险挑战，要求我们必须顺势而为，重新调整经济发展路径，改变倚重市场和资源"两头在外"的发展模式，逐步转向全球最大、最有潜力的国内市场，进一步畅通国内经济大循环，释放经济发展的巨大动能，推动经济稳步增长，以高质量发展加快推进中国式现代化。

连接生产和消费、承载经济要素流动、服务人民出行是交通运输的根本职能。2019 年，中共中央、国务院印发了《交通强国建设纲要》，我国正式开启了由交通大国向交通强国迈进的新征程。当前，我国社会主要矛盾发生了根本转变，人口增长、聚集、流动、生活方式呈现出新的特点，居民的出行需求发生了深刻变化，交通运输发展与人口发展不协调这一问题日渐呈现新的特点。例如，从空间覆盖的角度来看，交通运输基础设施东密西疏，西部铁路、公路和机场面积密度是东部、中部地区平均水平的23% ~ 40%，但从支撑人口聚集与流动的角度来看，东部地区人均交通线网资源占有量低于西部地区，特别是大城市交通枢纽装备长期超负荷运行，而西部部分地区长年人口净流出，出现交通运力过剩、基础设施使用效率低下等问题，交通基础设施、载运工具运维养护压力较大。同时，长期大规模的基础设施建设投入虽然解决了居民出行"走得了"的问题，随着多层次、多样化、个性化的出行需求特征逐渐显现，交通运输如何满足居民"走得好"的出行需求，进一步提升人民群众的获得感、幸福感和安全感，也是交通运输服务亟待解决的问题。

总之，发展不平衡、不充分的交通运输如何满足人民日益增长的美好生活需要、如何支撑人口规模巨大的现代化、如何当好中国现代化的开路先锋，是新时期交通运输发展面临的时代课题。因此，本书通过系列调查研究和数据分析，试图回答以下三个问题：

（1）怎样理解交通当好中国现代化开路先锋的新使命、新任务？

（2）我国综合交通建设发展与人口现代化演变进程的协调性如何？

（3）面对新的人口演变趋势，我国综合交通运输体系建设的重点策略是什么？

通过对上述问题的科学分析，可以帮助我们清晰地了解我国综合交通建设发展与人口演变的互适规律，在新的使命任务要求下，研判我国人口发展变化的新形势，思考综合交通运输如何支撑保障我国人口规模巨大的现代化。

1.3 研究内容

1.3.1 综合交通支撑中国式现代化使命要求内涵研究

结合党的二十大报告中关于推进中国式现代化的本质要求，围绕习近平总书记在第二届联合国全球可持续交通大会上关于"交通成为中国现代化的开路先锋"的重要指示，分析交通运输新的使命定位的内涵逻辑，从国家现代化经济建设、政治建设、文化建设、社会建设、生态文明建设五位一体的总体布局入手，分析综合交通运输体系建设在五位一体总体布局中需要扮演的角色、承担的责任、发挥的作用，结合《交通强国建设纲要》《国家综合立体交通网规划纲要》的任务部署，研究提出综合交通运输支撑中国式现代化的关键任务。

1.3.2　人口与交通交互作用机理研究

梳理国内外研究文献，分别从人口与综合交通网络规模布局、人口与综合交通运输结构、人口与交通运输服务三个层面，研究人口与交通的交互作用机理。人口与综合交通网络规模布局方面，分析人口分布与交通运输空间、人口集聚效应与交通基础设施布局、人口流动与交通网络布局的相关性。人口与综合交通运输结构方面，针对人口在城市内、城市间的不同交通需求，对运输距离、运输速度、运输舒适度等提出新的要求，单一的运输方式无法满足人们复杂的运输需求，多元化交通运输成为发展的必然趋势，挖掘人口与高速铁路、高速公路、民航、城市轨道交通等多种交通方式的相互作用。人口与交通运输服务方面，总结人口流动迁移与交通运输服务供给、人口特征与个性化交通服务等方面的关系。

1.3.3　我国综合交通运输体系建设与人口发展协调性研究

（1）我国人口发展历程与特点分析

基于我国人口普查数据，对人口发展历程进行梳理，对人口变化呈现的特点进行总结，特别是基于人口与交通耦合机理，分析对综合交通运输供给影响较大的人口变化因素，力求为今后综合交通运输发展更好地适应人口发展需求提供参考。鉴于人口普查不存在抽样误差，漏登率低，数据准确，笔者基于对历次人口普查数据的挖掘与分析，从人口规模、人口结构、人口分布、人口流动4个方面，总结梳理我国人口发展特别是近20年来的演变进程，识别人口发展的"拐点"，为综合交通运输体系建设对人口发展的支撑性评估奠定基础。

（2）综合交通网络规模布局与人口协调性分析

一是综合交通网络规模与人口规模变化的分析。通过大数据计算分析，比较2000—2020年我国综合交通网络中铁路、公路、民航总里程增长与人口规模增长的相对增长速度，从总里程、人均里程等维度对比相关发达国家相关数据，分析我国综合交通基础设施网络对人口发展现代化的总体支撑水平；分析城市交通中城市道路、城市轨道交通总里程增长与城区居民规模增长的对比情况；分析城市交通基础设施网络对我国城镇化进程的支撑水平；分析农村公路总里程与乡村人口规模变化情况，分析我国交通对脱贫攻坚及乡村振兴战略实施的支撑水平。二是综合交通网络资源与人口时空适配性分析。通过比较各省区市四大板块铁路、公路、城市道路等综合交通网络建设与人口相对增长速度，分析近20年交通线网基础设施资源同人口分布流动的适配性。三是重点战略区域综合交通网络资源与人口适配水平分析。重点分析京津冀、长江三角洲（简称长三角）、粤港澳大湾区、成渝地区等重点战略区域综合交通线网资源与人口时空适配水平，从服务人口发展角度透视交通对国家重点战略的支撑水平。

（3）综合交通运输结构与人口协调性分析

一是综合交通客运结构变化与人口流动特征分析。分析我国客运量及周转量变化情况，基于铁路、公路、水路、民航各运输方式近10年来客运量及旅客周转量，结合人口普查中人口流动数据对比，分析人口流动对交通运输需求的演变特征。对比京津冀、长三角、粤港澳大湾区、成渝地区客运结构，研究重点战略区域人口出行强度，分析区域交通基础设施利用水平。二是综合交通货运结构变化分析。分析综合交通货物运输量（简称货运量）、货运周转量与国内生产总值（GDP）增长、人口增长的关系，反映综合交通支撑经济活动的效能。

（4）综合交通运输服务与人口协调性分析

一是综合交通枢纽场站人口覆盖率分析。以铁路客运站、民航机场等综合交通枢纽分布为重点，分析交通场站服务水平的区域差异性。二是邮政快递服务与人口分布对比分析。统计近10年来我国邮政快递业务量、服务网点等数据变化情况，分析邮政快递对人口购物消费等活动需求的服务能力。三是个性化交通服务情况分析。梳理我国定制化交通、适老性交通、无障碍出行、旅游交通等个性化交通运输服务发展情况，结合人口结构演变情况，分析个性化交通运输服务与人口发展需求适配性。

1.3.4 新形势下综合交通运输应对人口演变趋势重点策略研究

一是未来人口演变趋势特征研判。从人口规模、人口结构、人口区域分布、人口城乡分布、人口流动等方面研判未来我国人口演变趋势特征，特别是研判人口演变进程中存在的"拐点"，提出人口演变新趋势对经济社会发展带来的影响，以及由此带来的一系列连锁反应。二是人口演变趋势对综合交通运输发展的影响研究。从人口增长、人口结构、人口聚集、人口流动等方面呈现的新趋势入手，分析综合交通运输基础设施建管养用、综合交通运输结构、综合交通运输服务等方面，研判人口演变趋势对综合交通运输发展的影响。三是适应人口演变的综合交通运输发展重点策略研究。基于人口与交通的相互作用机理，在前文数据分析、趋势研判的基础上，提出适应人口演变的综合交通运输发展重点策略，为丰富综合交通外部性理论提供研究样本，为行业应对人口演变新趋势出台新的顶层设计和政策安排提供参考。

1.4 研究方法与数据来源

1.4.1 研究方法

（1）文献分析法

利用互联网等渠道充分消化国务院发展研究中心、国家发展和改革委员会（简称国家发展改革委）、国家统计局、国际货币基金组织、世界银行、世界经济论坛、联合国环境规划署等国内外知名研究机构的分析成果，收集国家关于交通运输行业发展相关战略部署，收集国内外相关学者关于交通与人口研究的最新进展，构建开展相关研究的理论基础。

（2）调研访谈

调研访谈交通运输部科技司、政策研究室等行业管理部门，咨询交通运输行业知名专家，深入了解我国综合交通运输发展历史及现状，把握综合交通运输发展规律，分析综合交通运输体系建设存在的问题。

（3）定性与定量分析结合法

在把握整体形势的前提下，基于最新的人口普查数据、交通统计数据、城乡建设统计数据等进行统计分析与计算，梳理综合交通发展与人口总量增长、人口分布、人口流动、人口结构等相关情况的协调性，从定性和定量两个维度分析人口发展对综合交通运输发展的影响。

1.4.2　数据来源

　　本书的人口发展演变数据、综合交通发展数据来自第一次至第七次全国人口普查（这七次全国人口普查分别简称为一普、二普、三普、四普、五普、六普、七普）数据、《中国统计年鉴》、《中国城乡建设统计年鉴》、《中国城市统计年鉴》、《中国人口和就业统计年鉴》，以及相关年份交通运输行业发展统计公报、铁道统计公报、民航行业发展统计公报、邮政行业发展统计公报、交通运输部官网中的统计数据模块，相关分析还参考了国务院发展研究中心发表的关于我国人口基本演变规律的文章、中国城市规划设计研究院编制的《中国主要城市通勤监测报告》、育娲人口研究编制的《中国人口流动预测报告》等资料。因港澳台地区研究数据缺失，未做分析。

现代化综合交通运输体系新使命

2.1 综合交通运输体系新使命：当好中国现代化开路先锋

千古百业兴，先行在交通。中华人民共和国成立之前，中国交通运输行业极度匮乏，人力、畜力仍然是主要的运输方式。1948年，毛泽东同志在谈到恢复和发展工业生产、农业生产时指出，"首先是解决交通运输和修理铁路、公路、河道的问题"。中华人民共和国成立后，交通运输体系建设成为我国现代化建设的重要任务之一，如何"从无到有"成为主要问题。1954年，周恩来同志在第一届全国人民代表大会上所作的《政府工作报告》中明确提出，"如果我们不建设起强大的现代化的工业、现代化的农业、现代化的交通运输业和现代化的国防，我们就不能摆脱落后和贫困，我们的革命就不能达到目的"。交通运输逐渐受到国家投资政策的倾斜，公路、铁路、港口码头、机场等交通基础设施开始兴建。

1978—2013年，中国交通运输发展处于"瓶颈制约"阶段，交通运输如何"从有到够"成为主要问题。1978年，改革开放使得中国经济社会得到进一步发展，中国交通运输事业也步入快速发展阶段。1986年，邓小平同志在视察天津时指出，"日本人说搞现代化要从交通、通讯上入手，我看有道理"。中国政府把交通运输放在优先发展位置，并且提出"有河大家走船、有路大家走车"的全面开放交通运输市场新格局。数据显示，1978—1999年，我国公路总里程从89万千米扩建到135.27万千米。此外，为进一步提高中国交通运输管理效率，党中央对交通部门进行机构改革，于2008年成立"交通运输部"、2013年成立国家铁路局和中国铁路总公司。至此，中国基本确立"一部三局"的交通运输大部门架构和综合交通管理机制。

2014—2020年，中国交通运输发展处于"基本适应"阶段，交通运输如何"从够到好"成为主要问题。党的十八大以来，习近平总书记高度重视交通运输工作，围绕"交通先行"进行了一系列重点论述，强调"要想富，先修路"不过时；经济要发展，国家要强大，交通特别是海运首先要强起来；城市现代化，交通要先行；党的十九大提出交通强国战略，对我国综合交通运输体系建设提出了新要求。国家层面也先后推出了《国家公路网规划（2013 年—2030 年）》《"十三五"现代综合交通运输体系发展规划》《交通强国建设纲要》等交通运输规划。

当下，随着我国发展进入新时代，交通发展也进入新的历史阶段。2021 年 10 月，在第二届联合国全球可持续交通大会上，习近平总书记发表主旨讲话，明确指出，新中国成立以来，几代人逢山开路、遇水架桥，建成了交通大国，正在加快建设交通强国。在新时代，交通运输业被赋予新的使命任务，即交通成为中国现代化的开路先锋。2022 年全国交通运输工作会议上，交通运输部原部长李小鹏强调：以史为鉴开创未来、加快建设交通强国、努力当好中国现代化的开路先锋。在推动交通运输高质量发展的同时，交通运输的先行作用得到进一步体现，《"十四五"现代综合交通运输体系发展规划》指出坚持人民交通为人民，充分发挥交通作为中国现代化开路先锋的作用的基本原则。

基于上述背景，在国家现代化建设的各阶段、全过程都当好开路先锋，全面建成人民满意、保障有力、世界前列的交通强国，正是我国要走出的一条中国式交通运输现代化新道路。理解综合交通运输作为中国现代化开路先锋的新使命，必须将交通运输放在更加宏阔的民族复兴的历史背景中去理解，必须将综合交通运输发展同全面建设社会主义现代化国家新征程结合起来理解，必须将综合交通运输建设同国家经济建设、政治建设、文化建设、社会建设、生态文明建设五位一体的总体布局结合起来理解。

2.2 综合交通运输体系新使命的经济内涵

2.2.1 助推国民经济稳定增长

交通运输是国民经济的基础性、先导性、战略性产业和重要的服务性行业。交通运输作为国民经济的流动载体，沟通生产和消费，是经济发展诸多影响因素中非常重要的一个。长期以来，我国将交通基础设施投资作为逆周期调节、稳定经济增长的重要手段，不断加大基础设施投资力度，不断完善快速便捷的交通运输网络，提升了生产要素的流通效率，促进了产业结构优化，带动了制造业、物流业、旅游业等的发展。同时，交通运输发展也为人口流动带来便利，为促进社会就业提供了有力支撑。据统计，近 10 年来，我国交通固定资产投资持续高速增长，投资总额从 2011 年的约 2.05 万亿元增长至 2021 年的 3.6 万亿元，累计增长超过 50%，年均增长 5.8%。即使是在受新冠疫情严重冲击的 2020 年，全社会固定资产投资规模的 5 年平均增速由 2015 年的 7.1% 下降至 2019 年的 2.7%，但交通固定资产投资规模依旧维持高位，同比增长 7.1%，有力对冲了经济下行压力，发挥了重要的"稳定器"作用。

《中华人民共和国国民经济和社会发展第十四个五年规划和 2035 年远景目标纲要》提出要拓展投资空间，保持投资合理增长，加快补齐基础设施等领域短板，并布局加快交通、能源、水利等基础设施建设。中央经济工作会议提出"适度超前开展基础设施投资"，并将其作为有利于经济稳定政策的重要内容。2022 年年初召开的国务院常务会议指出，当前经济运行处于爬坡过坎的关口，要把稳增长放在更加突出的位置，坚定实施扩大内需战略，有针对性地扩大最终消费和有效投资，这对顶住经济新的下行压力、确保经济平稳运行具有重要意义。可见，在我国经济发展面临需求收缩、供给冲击、预期转弱三重压力的情况下，全面加强基础设施建设仍然是更好统筹发展和安全、促进经济稳定增长的重要举措。

从我国基础设施建设现状来看，交通基础设施建设总体规模已处于世界前列，但网络面积密度和人口密度等单位指标仍与发达国家相距甚远，仍存在局部总量不足、结构不优、网络需完善等问题。一是东、中、西部地区发展差异仍然比较突出，东部地区交通网络密集，建设规模和质量较高，中、西部地区交通网络密度与东部地区差距较大。二是铁路货运和内河航运基础设施较其他运输方式建设相对滞后。三是港站枢纽的功能不足、集疏运不畅，尤其是铁路与港口的衔接性较差，这些都制约了我国交通的进一步发展。

基于此，为履行好中国现代化开路先锋的重要使命，交通运输应围绕《交通强国建设纲要》《国家综合立体交通网规划纲要》作出的既定目标，持续扩大有效投资，加快补齐交通基础设施短板，完善网络布局，加快建设现代综合交通运输体系。

2.2.2 支撑双循环新发展格局

为构建以国内大循环为主体、国内国际双循环相互促进的新发展格局，党中央对当前和今后一个时期国家经济社会的运行进行了重大战略部署。《中华人民共和国国民经济和社会发展第十四个五年规划和 2035 年远景目标纲要》在构建新发展格局篇章中提出要促进资源要素顺畅流动，强化流通体系支撑作用，这些都为交通运输发挥好畅通国内、国际双循环的重要纽带和基础支撑作用指明了方向，要从畅通循环角度把握对交通运输的新要求。

双循环新发展格局要求建立更加顺畅的物流与供应链体系。对交通运输行业来说，应着力从两个方面发力。一是完善综合交通运输网络布局，强化各运输方式协同衔接，为畅通要素循环提供基础支撑。随着新发展格局的构建，特别是区域重大战略、区域协调发展战略、主体功能区战略和新型城镇化战略等的协同实施，将带动内陆地区以更高水平融入循环体系，内循环总量与效率将迎来突破性增长。同时，我国内需的爆发式增长将会深刻改变改革开放以来形成的进出口格局，进口需求将持续扩大。双循环发展格局要求进一步提升经济要素循环效率，这就要求进一步完善交通运输网络布局，打通综合运输大通道"堵点"，增强区域间、城市群间、省际、城乡间及国际交通运输的联系，大力提升运输链综合效率，努力缩短循环周期，提升经济运行整体效率。二是优化综合交通运输结构，打破市场壁垒与行业分割，降低要素循环成本。《中共中央 国务院关于加快建设全国统一大市场的意见》等重要政策要求，打通制约经济循环的关键堵点，建设现代流通网络，促进商品要素资源在更大范围内畅通流动，降低全社会交易成本和运行成本。这就要求进一步优化综合交通运输结构，推动客货运输向高效率、低成本、促联运转型。同时，要深化交通运输体系改革，加快形成统一开放的交通运输市场，全面优化营商环境，有效降低制度性交易成本，保障循环畅通。

2.2.3 服务构建现代产业体系

交通运输是国民经济的基础性、先导性、战略性的产业，是现代产业体系的重要组成部分。2020 年，交通运输行业增加值为 4.16 万亿元，占全国 GDP 的 4.1%，占服务业 GDP 的 7.5%。《中华人民共和国国民经济和社会发展第十四个五年规划和 2035 年远景目标纲要》将"加快发展现代产业体系，巩固壮大实体经济根基"放在极其重要的位置，并提出，坚持把发展经济着力点放在实体经济上，加快推进制造强国、质量强国建设，促进先进制造业和现代服务业深度融合，强化基础设施的支撑引领作用，构建实体经济、科技创新、现代金融、人力资源协同发展的现代产业体系。发挥好中国现代化开路先锋的重要作用，要求交通运输行业更好地支撑现代产业体系的构建，更好地服务我国实体经济的发展。

一是提升交通运输装备研发生产水平，深入实施制造强国战略。与世界制造强国相比，我国产业基础不牢问题突出，是影响我国制造业核心竞争力的重要因素之一，其中，交通运输装备制造也存在同样的问题。尤其在道路、航空和水路运输方面，我国相关运输装备关键技术研发水平仍有待提高，"核心技术空心化"现象依然存在。汽车、大型船舶、飞机发动机与电控系统等战略装备自主创新能力仍然不足，关键技术和零部件主要依靠从国外引进，自动驾驶汽车、无人船等新技术装备研发也亟须提速，加快抢占国际市场。由此来看，要加快补齐铁、公、水、航各领域装备制造的基础瓶颈短板，加大重要装备产品和关键核心技术的攻关力度，并做好产品供应链设计与布局，从而提高产业链安全稳定水平。

二是推动新技术与交通运输深度融合，培育交通运输新业态。当前，大数据、云计算、智能化、自动化、机器人等技术的发展正在不同程度地改变甚至颠覆我们的生活方式，从而改变出行方式及运输需求。同时，网约车、共享单车、共享汽车、互联网物流等交通运输领域新业态也呈现井喷式发展。服务构建现代产业体系要求交通运输行业应推动新技术在行业内各领域的应用，为交通运输这个传统行业赋予新的动能，让交通运输行业成为新装备、新基建、新业态应用市场的主力军。同时，交通运输新业态的发展过程中仍然存在诸多短板，如网约车的收费混乱与安全保障措施缺失问题、网络货运的恶性竞争与虚构交易问题、快递物流的信息泄露问题等。针对新业态发展暴露出来的新问题，要加快出台顶层设计，编制监管标准，制定市场规范，聚焦新业态模式特点，创新管理理念和思路，培育壮大交通运输发展新动能，促进行业转型升级和高质量发展。

2.3 综合交通运输体系新使命的政治内涵

2.3.1 国家重大战略实施的先行者

交通基础设施跟国计民生密切相关,事关经济活力,事关国家的竞争力。综合交通运输要当好中国现代化开路先锋,就要当好国家重大战略实施的先行者。京津冀协同发展、长三角一体化发展、粤港澳大湾区建设、长江经济带发展、黄河流域生态保护和高质量发展、海南全面深化改革开放等区域重大战略的实施中,都要求加快构建现代化高质量的综合立体交通网,提高区域之间、区域内部各功能区间的联通水平。在深入实施西部大开发、东北全面振兴、中部地区崛起和东部地区率先发展的区域协调发展战略中,以西部地区着力补足交通短板,东北地区着力提高通道能力,中部地区着力强化通道和枢纽功能,东部地区着力优化结构的总体思路,对交通运输网络促进区域协调发展做出了具体安排。在"一带一路"倡议中,交通要发挥好基础设施互联互通的基础支撑、重要保障作用,推动"六廊六路多国多港"互联互通架构不断完善。在服务乡村振兴战略中,要以"四好农村路"建设为载体,促进交通运输的公共服务均等化,特别是大力推进革命老区、民族地区、边疆地区、贫困地区,包括垦区、林区的交通发展,提升乡村振兴能力。

2.3.2 支撑国家安全的重要基础

党的十九大把坚持总体国家安全观作为新时代坚持和发展中国特色社会主义的基本方略之一,明确要求必须坚持国家利益至上,以人民安全为宗旨,以政治安全为根本,统筹外部安全和内部安全、国土安全和国民安全、传统安全和非传统安全、自身安全和共同安全,完善国家安全制度体系,加强国家安全能力建设,坚决维护国家主权、安全、发展利益。现阶段,我国各种可以预见和难以预见的风险因素明显增多,维护国家安全和社会稳定任务繁重艰巨。作为一个发展中大国,我国面临多元复杂的安全威胁,外部阻力和挑战增多,生存安全问题和发展安全问题、传统安全威胁和非传统安全威胁相互交织,维护国家统一、领土完整、发展利益的任务相当艰巨，各种矛盾、风险、挑战不断聚集。作为一个日益走近世界舞台中央的大国，我国与世界的关系日益密切，互动日益频繁，相互影响日益广泛和深入，世界不安定因素对我国影响日益明显。国际市场、海外能源资源和战略通道安全，海外机构、人员和资产安全等海外利益安全问题凸显。

交通运输作为经济社会健康发展的有力支撑和坚强保障，是落实总体国家安全观和保障国家安全的重要领域，应从以下几个方面强化综合交通对国家安全体系建设的支撑作用。一是强化国家安全动员与重要战略物资运输保障能力，有效支撑总体国家安全观落实。从提升交通网络系统韧性和安全性角度，加快推进城市群、重点地区、重要口岸、主要产业及能源基地、自然灾害多发地区多通道、多方式、多路径建设，加强边远、边疆地区基础设施建设，提升粮食、煤炭、石油、天然气等重点物资运输能力，健全战略物资运输保障体系。二是提高交通运输安全水平，保障社会经济运行和人民安全出行。提升交通网络系统韧性，提高设施安全监管能力，在规划、设计、施工、运营、维护养护的各个阶段，提升基础设施耐久性，保障交通基础设施本质安全。同时，应完善安全责任体系，强化重点基础设施建设、运行安全风险防控、加强安全生产执法，转换安全监管模式，从事后被动监管变为事前主动预防。三是完善交通运输应急保障体系，提升防灾减灾水平。紧密结合我国经济社会发展需求和自然灾害、事故灾难特点，用好现有资源，立足长远发展，以完善交通运输应急体系为核心，提高应急保障能力为宗旨，实战实用为目标，完善体制机制，加强科技创新力度，推进应急救援能力和安全风险监测体系的建设，为维护人民群众生命财产安全和国家总体安全提供有力保障。

2.3.3 发挥国家对外开放的先导性作用

在第二届联合国全球可持续交通大会上，习近平总书记深刻指出，交通是经济的脉络和文明的纽带。交通运输是我国对外开放的重点领域，经过多年的努力，我国建成了世界级港口群，港口货物吞吐量和集装箱吞吐量位居全球第一，我国已经成为全球海运连接度最高、货物贸易额最大的经济体。截至 2021 年底，中欧班列通达 23 个欧洲国家，国际道路运输合作范围拓展至 19 个国家，水路国际运输航线覆盖 100 多个国家，国内航空公司经营国际定期航班通航 44 个国家的 75 个城市。积极服务"一带一路"高质量发展，签署 22 项政府间国际道路运输便利化协定、72 个双边和区域海运协定、131 个双边航空运输协定，中欧班列、丝路海运、中欧陆海快线、空中丝绸之路极大便利了国际运输，"六廊六路多国多港"互联互通架构基本形成。特别是新冠疫情期间，中欧班列、远洋货轮昼夜穿梭，全力保障全球产业供应链稳定，体现了中国担当，交通当之无愧成为国家对外开放的先行者。

在国家更大范围、更宽领域、更深层次对外开放进程中，交通应更好地发挥先导性作用，与世界相交、与时代相通，坚持开放包容、互联互通，在实现自身发展的同时，为全球交通发展做出更大贡献。坚定实施交通运输更大范围、更宽领域、更深层次的对外开放和国际合作，积极推进与周边国家基础设施互联互通，促进国际道路运输便利化。积极参与交通运输国际治理，通过国际海事组织等合作平台，向全球交通业界主动分享中国交通发展经验，在国际交通规则制定中积极贡献中国方案。

2.4　综合交通运输体系新使命的文化内涵

2.4.1　培育交通品牌，提升我国国际影响力

品牌，作为国家和地区文化软实力的重要组成部分，其重要性已经得到了世界各国的普遍认同。交通品牌，作为中国重点培育的文化品牌之一，正逐渐成为中国品牌走向世界的名片。在中国积极参与全球化及着力建设交通强国的双重背景下，培育我国本土的交通品牌，既有助于通过中国交通运输行业这一缩影，增进中国各社会主体对于中国文化品牌形象的认同感，又有助于建立能让世界广泛认同的中国话语体系，提升我国的国际影响力。

虽然中国高铁已经走向世界，在国际市场中占据重要份额，其品牌知名度也显著提高，但就全球范围来看，我国交通产业尚未形成与交通强国相匹配的品牌影响力，仍有较大的发展提升空间。在中国现代化开路先锋的使命要求下，培育中国交通品牌应优先从以下方面发力：一是努力构建高质量的自主品牌优势。当前，中国高铁是中国交通集成创新、成功走向世界、树立享誉全球品牌的典范，应充分总结我国高铁品牌建设的成功经验，加强中国交通规划设计理念、交通装

备制造、基础设施建设、运营管理服务等全产业链条的科技创新，培育以创新、智能、绿色为主要特征的发展新动能，充分把握"互联网＋"、大数据等新一代信息技术的先机，努力打破技术垄断，使我国交通科技创新有更多自主知识产权，加快提高交通科技创新含金量，使创新成为中国交通品牌形象，构建高质量的交通自主品牌优势。二是推动交通品牌服务参与全球治理。充分发挥交通品牌走出去优势，挖掘交通品牌红利，推动更多交通产品、技术、理念走出去，在为世界各地带去更好的交通服务的同时，促进先进技术传播。在交通走出去的进程中，要积极参与国际交通领域规则、标准的制定，深度参与全球治理，推动交通服务构建人类命运共同体。

2.4.2 促进文化传播与认同

交通是经济的脉络和文明的纽带。从古至今，交通都推动了经济融通、人文交流。文化传播与认同是文化建设中的两个重大命题，对于全面建设交通强国具有十分重要的意义。交通大大提升了文化传播的效率，对文化传播有着不可忽视的重要影响。不论是先进的科学技术，还是璀璨的精神文化，都依赖于交通的传播与扩散。从古至今，四通八达的交通是人民群众得以在幅员辽阔的中国大地上流动的基础条件，也是中国得以通过"一带一路"等途径与世界相连的重要前提。物质和文化的传播是一个双向的过程。民族文化，需要交通来扩大对外的影响力；国家形象，也随着交通的发展不断完善饱满。交通，既为中国传统文化的广泛传播提供了基石，也塑造了中华民族开放包容的心态及高度的文化自信。党的十八大以来，以习近平同志为核心的党中央高度重视文化交流与互鉴，提出了"一带一路"倡议等重大议题，表现了对于跨文化传播这一国家间交流的有效方式的重视。交通作为中国文化链接世界文明的纽带，有力推动了中国文化的跨文化传播交流。

从文化传播、交流角度理解交通担好中国现代化开路先锋的新使命，应准确把握交通在文明共鉴、文化传播中的桥梁纽带作用。一是积极推进"一带一路"交通基础设施互联互通高质量发展。统筹铁路、公路、水运、民航、邮政等多种运输方式，加快构建联通内外、安全通畅的陆海空国际战略通道网络，加快推进境内外铁路、公路、港口、机场和跨境桥梁等基础设施项目，完善中欧班列、国际道路、国际海运、国际航空、快递等国际运输服务网络,更好地服务于沿线国家的经贸合作、便利人员往来,努力打破文化传播的物理疆界,当好中国文化传播的媒介。二是织密综合立体交通网络,改善交通物流条件。我国幅员辽阔,东西、南北跨度大,地质地貌复杂,气候类型多变,不同地域文化多样多元,而跨文化传播与交流需要便捷畅通的综合交通运输网络作为媒介。因此,交通行业应加快完善综合交通运输网络,提升区域通达性,为不同地域文化交流传播提供有利条件,增强人民对于交通文化的认同和信心。

2.4.3 凝聚干事创业合力

交通工作千头万绪,量大面广,涉及各方面经济利益,需要充分调动各方面的积极性,凝聚干事创业的合力。经过长期的艰苦奋斗,交通行业形成了"一不怕苦、二不怕死,顽强拼搏、甘当路石,军民一家、民族团结"的"两路"精神,"挑战极限、勇创一流"的青藏铁路精神,"逢山开路、遇水架桥"的港珠澳大桥建设者奋斗精神,"忠诚担当的政治品格、严谨科学的专业精神、团结协作的工作作风、敬业奉献的职业操守"的当代民航精神,"不畏艰险、为民奉献、忠诚担当、团结友善"的雪线邮路精神,"把生的希望送给别人、把死的危险留给自己"的救捞精神等,这些伟大的交通精神又指引了一代代新的交通人义无反顾地投身于我国的交通事业建设,助力了中国交通行业内部形成文化凝聚力,不断增进了交通行业的从业者对于自身行业的认同和归属感。迈向"全面现代化"第二个百年,应进一步践行弘扬新时代交通精神,不断激发广大交通行业建设者砥砺奋斗的斗志,凝聚广大干部职工干事创业的精气神,续写交通运输事业新的奇迹。

一是以新时代交通精神凝聚共识。不断丰富新时代交通精神谱系,积极树立新时代交通运输行业先进典型,做好主题宣传、形势宣传、政策宣传、成就宣传和典型宣传,充分调动中央和地方、政府与市场、交通建设者与参与者等不同主体共同建设交通强国的积极性,促进交通资源合理配置,大力宣传交通运输改革的发展历程和成就,增强全行业勇当先行、加快建设交通强国的信心和决心,使交通事业成为更多人共同的事业,使交通精神成为交通人共同的精神指引。二是营造真抓实干的浓厚氛围。立足解决人民群众急难愁盼等问题,立足实际,推进交通运输更好地服务人民出行,集中各方智慧力量,坚持"一张蓝图干到底"。

持续优化交通运输行业人才的培养使用激励，为敢于担当的人才担当，为敢于负责的人才负责，对工作主动作为、成效明显的人才予以褒奖，营造脚踏实地、真抓实干的浓厚氛围。

2.5 综合交通运输体系新使命的社会内涵

2.5.1 服务保障和改善民生

民生是国本。从社会层面看，民生贯穿人类文明始终，体现社会文明进步。其对于服务保障和改善民生的独特作用主要体现在两方面：一方面，综合交通运输是现代社会经济赖以运行和发展的基础。交通运输把社会生产、分配、交换与消费各个环节有机联系起来，是保障社会经济活动正常进行和社会发展的支撑性条件，也是促进我国资源合理配置的重要途径。另一方面，交通服务为改善民生搭建了重要平台。交通服务不仅满足了最广泛的群众基本出行需求，也为很多欠发达地区的人民创造了谋求更好发展的机会，有利于通过个人的发展和整个社会的进步，使广大人民群众的生存与生活环境得到改善和提升，推动共同富裕的早日实现。

为了发挥交通以服务百姓为基础，为经济发展创造更为便利的条件的重要作用，我们应着力从以下两方面发力：一是要构建稳定物流交通网，提升交通服务的质量。我国交通行业应充分挖掘集疏运潜力，有效加强供需对接，畅通产业链、供应链，在国内全力做好粮食、煤炭、天然气等关系国计民生的重要物资的运输保障，为服务国民经济健康平稳运行提供坚强的运输支撑；对外，深入推进与世界互联互通，建立强有力的交通体系，保障与世界各国之间的货物贸易畅通。同时加强交通的可持续发展，发展节约能源，排放量小，技术先进的铁路、公路、民航和水运运输工具，并积极采用先进信息通信技术，重点发展交通运输综合管理信息系统、城市交通诱导系统、高速公路收费系统、车载路径导航系统、交通信息系统等智能交通系统。提高运输管理组织技术，提高运输工具的使用效率、降低资源损耗。二是要积极回应人民群众的需求，构建高效率交通。我国交通行业应遵循"群众有呼声，我们有回应；群众有需要，我们有举措；群众有期待，我们有落实"的原则，面对人民群众日趋多样化的出行需求，针对人民群众出行的"痛点",着力解决人民群众出行"最前一千米"和"最后一千米"问题,提高出行效率,同时推进政务服务"跨省通办",丰富办理渠道,积极利用"互联网+"新资源,着力加快谋事、办事、服务速度,促进政务服务提质增效,提高政务服务处理效率。

2.5.2 促进社会公平

社会公平关系社会的和谐和稳定,是社会主义和谐社会的重要特征,也是构建社会主义和谐社会的重要基础和必然要求。我国在交通运输行业迅速发展的同时,也出现了一些不公平的情况,而这种不公平主要体现在城乡不公平、区域不公平和群体不公平三方面。

城乡公平是指综合交通运输资源在城乡之间的公平配置。我国的城乡社会经济发展有着很大的差距,在交通运输领域尤为明显,而交通正是缩小城乡社会经济差距的重中之重。尽管我国已发力解决乡村交通问题,但公共交通服务供给无法满足农村居民最基本的日常交通需求的问题仍存在于我国大多数的乡村。面对如此现状,国家应增强对乡村交通的重视程度,加大对乡村交通建设的投资融资,积极动员村镇居民、社会人士、企业及各级政府对乡村交通进行全方位的支援,同时着力构建完备的乡村交通管理体系,加强乡村交通建设的系统性、前瞻性发展。

区域公平是从空间的角度来考察交通设施分布的公平性问题。由于区域自然地理条件差异、经济发展水平不平衡及前期的政策差异,我国综合交通运输资源不平衡的问题主要集中在东部与中西部地区。面对这种区域发展的不平衡,我国应合理布局交通体系,完善区域交通网络,逐步将交通资源配置转向中西部地区,增加中西部地区交通基础设施的投资、融资通道,畅通中西部交通的资金链,同时针对西部地区复杂多变的自然条件,应设计专门针对西部地区特殊技术问题的科技计划、项目,培养专业技术人员,开发既有超前性又有针对性的技术。

群体公平是指交通运输在不同群体间的公平配置。综合交通运输作为社会服务系统,其服务对象既有强势群体,也有弱势群体,如老、幼、病、残等。这些弱势群体在交通方面比普通人受到更多的限制,一般的交通设施很难满足他们的需求。我国的无障碍交通环境建设起步较晚，相关设施设备还不够完备，仍需要持续的建设。针对弱势群体中最庞大的老年人群，应统筹考虑老年人的出行需求，利用智能化手段使老年人出行更智能、更舒适，如为老年乘客提供快捷叫车、优先派单、线下现金支付等服务。针对残障人士，应在设计和开发更便利的无障碍交通设施的同时注重无障碍交通设施管理。对于新建的道路和公共建筑，应按照《城市道路和建筑物无障碍设计规范》严格要求；对于已建的道路和重要的公共建筑，应按照该规范有计划、有步骤地予以改造。当然，国家还应增进公众对无障碍交通的了解，丰富公众了解相关法律法规和常识的途径，减少对于无障碍设施的随意破坏和占用。

2.5.3　保障社会安全稳定

交通运输应急体系在重大自然灾害、安全事故等突发事件应急救援中发挥了重要作用，有效保障了社会的安全稳定。在地震灾害和南方雨雪冰冻灾害中，交通运输救援队伍第一时间抢通救灾"生命线"，为抢救生命赢得宝贵时间。在马航 MH370 失事客机搜寻等海上重大突发事件中，海上应急搜救力量及时出动专业团队，积极参与人员的搜救工作，为解决众多紧急事故做出重要贡献。要发挥交通运输应急体系保障社会安全稳定的作用，应从以下两点着手发力：一是要构建全状况下的应急救援体系。交通应急体系完善与否，事关人民群众生命财产安全，事关社会和谐稳定大局，是极为重要的民生工程。我国应紧紧围绕"统一指挥、专常兼备、反应灵敏、上下联动、平战结合"的应急救援力量体系建设，着眼职能任务拓展，加快提升综合救援技能，建立应急救援主力军和国家队，完善紧急情况下的交通救援预案，构建全灾种、全领域、全覆盖的应急救援力量体系。二是加强交通运输安全应急宣传。在专业的救援团队到来之前，遇险的公民能否通过合理方式保护自己的人身及财产安全，依赖于公民自身的应急意识是否建立。只有加强平日交通运输应急知识的宣传，充分运用大众媒体、专业知识讲座等方式，针对村镇居民、单位职工、社区居民、机动车驾驶人、在校学生等人群设计具有独特性、多样性的交通运输应急知识宣传活动，才能提高公民在遭遇应急情况时的心理素质，不至于因错误的处理方式造成不必要的经济财产及生命健康的损失。

2.6 综合交通运输体系新使命的生态文明内涵

2.6.1 提高资源利用效率

立足新发展阶段，为贯彻新发展理念，中共中央、国务院印发了《交通强国建设纲要》《国家综合立体交通网规划纲要》，指出了交通运输作为国民经济的基础性、先导性、战略性产业和重要的服务性行业，在全面贯彻落实绿色发展理念，实现生态文明建设目标方面的支撑性意义。为了保证交通能够在满足人民群众生产、生活、出行需求的前提下，实现"生态优先，绿色发展"，我们应将工作重心放在提高资源的利用效率上，理清资源利用与发展的关系，坚持节约优先，不断提高资源本身的节约、集约利用水平。

交通行业贯彻绿色发展的理念，提高资源利用效率的途径主要有以下两条：一是要优化交通运输结构，实现多种交通方式深度融合。目前，我国公路交通的规模仍明显大于铁路、航道，除公路外，各种交通方式仍有较大发展空间，且各种交通系统较为独立，各联动机制明显不够完善。我国应有力推动"公转铁""公转水"，降低公路货运周转量占比，发挥铁路、水运在大宗物资长距离运输中的骨干作用，提高交通运输的效率。同时加强运输体系的高效衔接，推动综合交通枢纽的统一规划、统一设计、统一建设、协同管理，加快货运枢纽场站多式联运换装设施建设，提升货运枢纽衔接转换效率，构建多式联运综合运输服务体系，通过全过程提升交通运输综合效率，降低单位运输周转量能耗和排放。二是要合理规划交通路线，推进土地和岸线资源节约、集约利用。为合理规划我国有限的土地资源，我们应统筹人口分布、经济布局、国土利用、生态环境保护，科学布局生产空间、生活空间、生态空间，合理选线选址、优化建设方案，提高新建交通基础设施的用地效率，最大限度地减少土地资源占用，给自然生态留下更多修复空间，同时应促进交通通道由单一向综合、由平面向立体发展，推动铁路、公路等线性基础设施的线位统筹和空间整合，减少对国土空间和生态系统的分割，有效提升自然资源节约、集约利用水平。

2.6.2 深入开展污染防治

随着我国经济水平的不断提高及环境保护意识的不断提升，污染问题得到了越来越多的重视。环境的污染不仅会给生态系统造成直接的破坏和影响，如荒漠化、森林破坏等，还会给人类社会造成间接的危害，这种伤害持续时间长且难以消除，对人体的呼吸系统、消化系统、神经系统等生理机能及器官都会造成不可逆的影响。交通污染作为环境污染的重要组成部分，已在一定程度上危害到了人和生物的安全：一是交通基础设施的建设会对其周边的生态系统造成破坏。对公路、铁路等陆路交通基础设施涉及的陆生生态系统，造成了生态阻隔和景观破碎。对港口、航道等水路交通基础设施涉及的水生生态系统，影响了水生生物的生长环境。二是交通工具的使用会对人类生存环境造成危害。车辆排放出的烟、尘和有害气体，其数量、浓度和持续时间都超过大气的自然净化能力和允许标准，会造成雾霾等严重的大气污染。道路交通产生的噪声和振动也会对人们身体健康造成损害，以致干扰居民、学校和企事业单位正常的生活秩序，降低人们的生活质量。同时，交通建设导致的工业污水及路面污染物因雨水冲入附近河流也会引起水质污染，影响沿线人们的生活。

因此，我国应着力从以下三方面减轻与解决交通带来的污染，以达到交通行业的绿色发展：一是要加强交通基础设施的生态保护，积极修复已受到污染的环境。我们应落实《国家综合立体交通网规划纲要》中提出的"实施交通生态修复提升工程，构建生态化交通网络""落实生态补偿机制"等要求，将交通基础设施建设的生态影响降至最低，制定有针对性的修复计划，开展精细化的修复工作。针对公路对周围陆地环境的破坏，我们应选择中、西部地区典型路段，开展生态型公路建设推广工程。针对港口、航道对水域、海湾等的破坏，我们应统筹规划，科学安排生态修复，开展生态移植、植被恢复、增殖放流、人工渔礁等港区生态修复工作。二是要建设绿色交通基础设施，构建生态化交通网络。在修复已造成的破坏的同时，我们应着力减少新建交通基础设施对生态环境的破坏，推动绿色铁路、绿色公路、绿色港口、绿色航道、绿色机场、绿色枢纽试点示范，全面开展有机结合，积极推动钢结构桥梁、环保耐久节能型材料、温拌沥青、低噪声路面、低能耗设施设备等的应用，因地制宜研制生态通道，引导交通基础设施绿色发展。三是要强化运输行业大气、水污染防治，提升交通污染事故应急能力。强化运输行业大气水污染防治，应采取技术、政策法规和经济措施等多方面策略，不仅要"从源头减少交通噪声、污染物"，通过使用清洁能源、提高交通工具本身的性能等方法减少污染物的排放，还要"加强交通环境风险防控"，严格按照《中华人民共和国大气污染防治法》《中华人民共和国水污染防治法》等法律进行监管，预防、控制大气、水污染造成的生态破坏，同时还应建立健全污染事故应急预案体系，建立污染事故应急处理相关机构，加强事故应急设备配备和应急能力建设，提升交通运输行业应对污染事故的应急处理能力。

3 综合交通与人口发展交互作用机理综述

3.1 综合交通网络布局

3.1.1 人口分布与交通运输空间相关性

人口分布受到城市交通运输网络布局的影响，其中，人口的空间分布与交通运输的关系引起研究人员的广泛关注。

李岩辉以城市轨道交通网络为研究对象，分析城市轨道交通与城市发展的相互影响作用机理，将量化线网空间变化与人口分布变化分别作为城市轨道交通与城市发展的指标，构建 Moran's I 模型，深入探讨城市人口规模、城市交通线网规模的空间自相关性。结果显示，一方面，城市空间发展、城市人口变迁作为交通需求的主要相关因素，将对轨道交通线网规划、建设时序、线路路由造成影响；另一方面，轨道交通的网络发展进一步支撑了城市空间拓展，促进了轨道交通沿线发展，两者具有较强的相关性。

李海蓉、阚瑗珂以攀枝花市各乡镇人口数据和道路路网结构现状为样本，通过空间分析技术和单变量空间自相关分析，探讨了人口分布与城市道路空间布局的特征及两者之间的空间关联性。结果显示，人口分布与城市道路空间布局自身存在正向的空间关联性，进一步运用双变量空间自相关对两者关系进行分析，发现人口分布与城市道路布局之间也存在较强的正相关性，即存在"高—高"集聚和"低—低"集聚片区。

周楠从系统的角度考虑了城市交通系统与人口、经济、环境等多种系统之间的相互作用关系。文章通过建立城市交通—人口—经济—环境复合系统动力学模型完成对系统的仿真模拟。此外，还构建了城市交通—人口—经济—环境复合系统耦合协调度测度模型及城市交通—人口—经济—环境复合系统的空间自相关模型，以京津冀区域的 13 个城市为例进行实证研究。结果显示，京津冀区域各个城市交通—人口—经济—环境复合系统存在着空间正相关性和空间

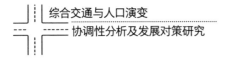
聚集性。

彭伟从城市交通用地与人口分布的相关性着手，构建了基于对数函数的交通与人口相关性分析模型，有效分析了人口对交通建设的影响。在相关指标选取中，以人口密度作为人口压力指标，交通网络密度、交通干线影响度、区位优势度的加权组合作为交通优势度指标，并以四川省 183 个县域为例，进行拟合分析得出相关性。结果显示，由于城市交通建设用地的限制，人口密度存在一个阈值，在阈值范围内，人口与交通存在较强的相关性，即交通优势度随着人口密度的增加而提升。

3.1.2 人口集聚效应与交通基础设施布局

交通基础设施布局逐渐成为城市人口规模的重要影响因素，交通基础设施布局、结构、功能的优化将促进城市人口集聚，而有关交通基础设施布局与人口集聚效应关系的研究受到更多的关注。

姚影从集聚经济和交通区位双重视角分析城市交通基础设施对人口集聚与城市扩展的影响机理，考虑了城市交通基础设施的共享性和门槛特点，从节点、线路和网络三个层面研究城市交通基础设施对人口集聚与城市扩展的影响。结果显示，一方面，城市范围内企业、居民的消费和生产直接受到城市交通基础设施的影响，随着人口集聚和城市扩展使得包括交通拥堵成本在内的交通费用不断增加，交通基础设施也给城市经济带来了负向影响。另一方面，城市人口集聚也可以通过优化城市交通基础设施来降低交通成本，进而实现集聚经济。此外，文章建议发展放射形态的城市轨道交通网络、优先发展公共交通基础设施。

吴号禹通过梳理现有的理论研究发现，交通基础设施与城市人口就业分布、居住分布、城市产业布局、城市经济集聚扩散息息相关。为了进一步探索城市交通基础设施对城市人口的促进或抑制作用，文章通过 Eviews 软件对城市的交通基础设施和城市人口集聚情况及逆行情况进行分析。结果显示，城市交通基础设施对城市人口集聚存在促进和抑制两种作用，一方面通过提高区域可达性和可靠性来促进城市人口集聚，另一方面通过产生交通拥挤、租金上涨、环境污染等问题来抑制城市人口集聚。

杨继发现劳动力存在从农村向城镇转移的现象，于是通过"刘易斯拐点"理论框架，探讨农村劳动力向城镇转移的影响因素与趋势。研究显示，我国"刘易斯拐点"与农村劳动力转移之间具有同步性，其中，农业部门劳动力供求、城乡收入差距、边际生产率及城市基础设施规模对我国农村劳动力转移有显著影响，且呈现相同的变动趋势。文章预测，在未来十年，我国农村转移人口新增规模将会逐渐收敛，建议政府部门进一步优化城镇基础设施、完善相关配套措施，为不断增长的城市人口提供便民服务。

王鹏、莫珂迪以 2006—2015 年我国 285 个地级以上城市面板数据为样本，通过构建固定效应模型，研究了不同人口集聚的情况下，交通基础设施对城市劳动生产率的影响机制。结果显示，交通基础设施对城市劳动生产率的影响以 1 096 人 / 千米^2 人口密度为门槛，低于此数值时，交通基础设施供给将进一步分散经济活动，不利于集聚经济效益，阻碍城市劳动生产率的提高；反之则有利于缓解人口过度集聚问题，提升城市劳动生产率。

王佳和陈浩以中国地级市面板数据为样本，探讨了城市交通基础设施和人口密度对城市生产率的影响。结果显示，交通基础设施对城市生产率的影响取决于人口密度。城市交通基础设施建设对城市生产率的增长作用存在人口密度门槛，即小于人口密度门槛时，城市交通基础设施供应的增加将对城市生产率产生负向影响。此外，当交通设施水平提高时，人口密度对城市生产基础率提升的边际效益会相应提高。

蒋慧峰以 2003—2013 年全国 31 个省区市的面板数据为样本，通过建立交通运输—人口—经济系统协调发展评价指标体系，探讨了交通运输系统、人口系统、经济系统三者之间的有序度和系统之间的协调度。在指标选取中，交通运输系统指标包括规模指标（客运量、货运量）和潜力指标（交通固定资产投资）。结果显示，系统有序度从高到低分别为经济系统、交通运输系统和人口系统，由于发展水平不高且发展速度偏低，人口系统成为交通运输—人口—经济系统协调发展的主要阻力。此外，交通运输—人口系统协调发展程度明显高于经济—人口系统，说明了交通运输规模发展更有利于人口的集聚。

3.1.3　人口流动与交通网络布局

随着城市化的发展，城市规模扩大，城市空间不断扩张，时空距离成为制约城市空间扩张和人口流通的重要因素，而交通网络布局通过新交通方式普及和交通基础设施延展，将对人口流动产生新的影响。

王超深等人指出城市交通网络会对人口流动产生影响，文章以韩国为比较对象，通过分析韩国国内高速公路网络、干线铁路、高速铁路等交通网络建设对人口流动规律的影响，来对比分析我国四川省人口流动与交通网络的关联关系。基于四川省的实际情况，研判了其人口流动趋势，提出了降低部分区域高速公路规模的建议。

李祯琪和欧国立分别从个人层面和企业层面着手，基于交通对复杂的经济系统会产生直接和间接两种作用的理论机制，通过构建结构方程模型来研究交通对要素价格、人口流动和产业结构的影响机制。结果表明，交通通过直接影响要素价格来影响产业结构，倒逼产业结构升级；交通对人口流入速度具有间接影响作用。文章建议政府部门构建多层次的综合交通网络，充分发挥人力资本的集聚效益。

贾莲莲在充分考虑城市人口流动性的基础上，对城市线网等交通基础设施与城市人口的关系进行研究。文章认为，城市交通基础设施与城市人口存在交互作用机制。一方面，城市交通基础设施建设可提高交通线路可达性、增强生产要素流动性及增加就业机会，从而促进人口流入；另一方面，交通基础设施建设的滞后性可能造成交通拥堵、环境污染等问题，从而造成人口外流。文中运用 Stata15 对全国部分城市的交通基础设施对城际人口流动强度、市辖区人口集聚程度的影响进行了分析。结果表明，交通基础设施的布局造成人口流入东部地区、流出中西部地区，但是人口流入、流出规模正在不断减小，尤其是中西部地区出现人口回流现象。

3.2 综合交通运输结构

3.2.1 人口与高速铁路运输

随着高速铁路建设技术的不断发展，我国高速铁路也进入快速发展期。高速铁路的建设使得城市之间的距离缩短，其对人口的影响成为当下交通运输领域的研究重点。

董珂从城市群视角出发，将中国人口格局的形成分为了三个步骤，以人口规模为基础，人口流动为中介，人口密度变化为最终呈现形式，对 2009 年以来我国高铁建设与人口空间分布格局的发展过程和相关关系进行探究。文章构建了PSM–DID 模型，通过实验组与对照组城市人口流动的差异来阐明高铁建设这一因素对我国各城市群城市人口流动的影响。结果表明，对于Ⅰ类和Ⅱ类城市群，高铁建设提高了人口流入量；对于Ⅲ类城市群，高铁建设加速了人口流失；对于非城市群城市，高铁建设对人口流动影响效应不显著，这也说明地区 GDP、工资收入水平和教育水平是吸引人口流入的主要动力。

李彦等人为进一步研究高铁建设对城市劳动生产率的影响，通过构建双向固定效应模型，探讨高铁服务供给对不同区域和不同产业劳动生产率的异质性影响。此外，文章还基于人口集聚和公共交通的视角，实证研究高铁服务供给对城市劳动生产率的门槛效应。结果表明，高铁服务供给对城市劳动生产率带来了明显的积极影响，主要集中在对城市服务业劳动生产率的提升。并且，当城市人口密度超过边际门槛时，高铁服务的积极影响效果更佳。

宋晓丽和李坤望表示，将"铁路提速"作为交通基础设施质量提升的方式之一，其对城市人口规模也会产生影响。因此，文章运用倍差法考察铁路提速对沿途站点城市人口规模的影响。结果表明，铁路在提速的情况下，相对于未提速城市，其促使沿途站点城市人口规模增加了 35.2%。铁路提速对提速城市人口规模增长的促进作用具有长期性。

3.2.2 人口与城市轨道交通

轨道交通指的是以固定轨道作为交通路径，以机车作为载具的综合交通工具，具有运输量大、运行速度快、安全性高及节能环保等特点。随着大城市人口规模的增长，轨道交通发挥着城市公共交通大动脉的作用，满足大规模人口的出行需求。

白颖等人认为中国城市发展需要从量变到质变的转换，需要优化城市发展结构尤其是在城市人口密度调节方面。因此，文章以深圳市为例，通过研究栅格通勤人口密度的不同出行方式的相关指标，探究人口密度与城市交通强度的关系。结果表明，深圳市存在人口密度越高、交通强度越高的趋势。通过提高轨道交通对人口密度服务的匹配性及轨道网络覆盖面积，可以进一步提升深圳市出行服务的质量。此外，文中建议深圳市应适当促进人口密度过高地区向周边低密度地区疏解，实现全市的均衡发展。

孙传亮和袁德浩阐述了人口规模与城市交通拥堵之间的关系，城市人口规模、区域人口密度、城市交通基础设施完善程度等均是造成城市交通拥堵的重要原因。通过城市交通拥堵引出城市轨道交通的作用，即能够有效缓解城市交通压力。最后，文章提出轨道交通建设要注重与城市区域规划相结合，要结合城市经济发展状况及现有公共交通体系情况、要注重卫星城建设等建议。

冯国强、李菁针对不同人口规模对城市轨道交通的城市交通拥堵的治理效果进行研究。文章利用高德地图发布的道路交通拥堵延时指数大数据，结合断点回归方法，对全国省会城市 2015 年 10 月至 2018 年 9 月新开通的 40 多条城市轨道交通线路进行了分析。结果显示，我国新增的城市轨道交通对城市交通拥堵的治理效果并不明显，不同人口规模的城市之间存在异质性。其中，对于常住人口在 600 万～900 万人的城市，城市轨道交通的制度效果最为显著。此外，轨道交通建设对于治理拥堵存在着时间滞后性，主要原因在于地方政府规划线路时对于站点设置、通车里程与出行总需求之间的错配。

3.2.3 人口与多种交通运输方式

随着经济社会的发展，交通运输业由单一运输方式各自发展逐步走向综合交通运输发展，而针对人口在城市内、城市间的不同运输需求，对运输距离、运输速度、运输舒适度等提出了新的要求，单一的运输方式无法满足人们复杂的运输需求，综合交通运输成为发展的必然趋势。

项昀等人以提高我国城市对外交通中客运多方式协同运行效率，优化客运资源配置为目标，通过建立绝对优势出行距离与相对优势出行距离模型，并基于人口迁徙大数据建立基于出行距离的城市对外客运方式分担率模型，对优势出行距离模型进行求解，最终获得我国现阶段公路、铁路、航空 3 种城市对外客运方式的绝对优势出行距离与相对优势出行距离。

徐璞为了满足旅客在城市群之间的出行要求，考虑了城市交通、城际交通等多种交通运输方式，提出了组合出行模式下城市群多方式交通流分配模型。文章通过对城市群旅客出行过程的充分分析，运用网络拓扑结构构建与之对应的多方式交通系统超网络模型。此外，文章提出城市群多方式交通系统的随机平衡分配模型，并基于相继平均算法和有效超路径搜索算法设计了相应的求解算法。

杨桐彬等人考虑交通基础设施尤其是高铁和城市轨道（简称城轨）对城市人口的影响。文章通过构建双重差分模型，搜集中国 2000—2017 年 279 个城市面板数据，检验了高铁和城轨对人口城市化的作用。结果表明，高铁和城轨的开通对人口城市化具有促进作用，且高铁和城轨的共同开通将进一步提高人口城市化水平。其中，高铁和城轨的开通对一、二线城市的人口城市化促进作用更明显。文章据此提出完善高铁网络系统、强化轨道交通有效衔接和提高运输效率等相关建议。

3.3 综合交通运输服务

3.3.1 人口与交通枢纽

我国交通运输服务业发展迅猛，其中交通运输枢纽在线网换乘、城市发展和交通出行中发挥着重要作用。对于城市建设而言，交通枢纽建设将缓解城市交通拥堵现状、促进人口跨城市群移动、改善不同运输方式衔接问题等。

姜竹青通过建立空间滞后解释变量模型，探讨了交通拥堵的人口城市化效应及其空间作用机制。文章对 2003—2014 年地级及以上城市进行实证研究，结果显示，首先，人口城市化水平和城市及其邻市的道路交通密度存在倒 U 形关系，即人口城市化水平随道路交通密度先上升后下降。其次，交通拥堵效应以300 千米为有效空间作用边界，城市规模等级越高，交通拥堵的空间外溢效应越大。最后，不同城市规模的交通拥堵效应的空间外溢边界均由东向西依次递减。因此，建议以大型城市为交通枢纽，统筹城市自身及周边城市路网的承载能力，通过周边中小型城市来分流人口与车辆，促进交通设施供给与车辆交通需求相吻合、相协调。

赵鹏军等人通过理论研究分析人口发展及其交通需求趋势，揭示人口与交通运输系统耦合协同机制。研究发现，近年来人口的增长、流动、空间集聚和生活方式等均发生了新的显著变化，因此也导致人口发展与交通不协调的状况出现，如交通设施建设增速与人口存在时空间错配，综合交通枢纽、多式联运发展滞后，城市内外交通衔接不畅等。为此，文章提出中国综合交通体系"钻石战略",以京津冀、长三角、粤港澳、成渝为"钻石"四极点,以京沪通道、沪粤通道、粤川通道、京川通道形成的四条菱形快速通道,长江水陆通道、京港澳通道两条十字通道,形成"钻石战略"的骨架快速通道,并根据人口流动和区位特征构建"钻石"枢纽。

房庆恒、罗晨伟对城市轨道交通枢纽的合理密度开展研究和探索,通过梳理影响城市轨道交通枢纽数量的因素,按照其主导功能将城市轨道交通枢纽分为以衔接对外交通为主和以城市功能、市内交通为主,并以广州市和厦门市为例,引入城市轨道交通枢纽密度的概念,探究枢纽数量与城市规模、区位和人口之间的关系。结果显示,500 万以上人口的城市在中心区、副中心区、近郊区、远郊区的枢纽规划密度分别为 3 ~ 4、2.5 ~ 3.5、2 ~ 3、1 ~ 2 个 / 百万人。500 万以下人口的城市在中心区、副中心区、近郊区、远郊区的枢纽规划密度分别为 5 ~ 9、4 ~ 7、1.5 ~ 4、1 ~ 2.5 个 / 百万人。

3.3.2 人口迁移与交通运输服务

当前,由于我国东、中、西部地区城市间经济发展水平存在一定的差异性,引起大量人口由西向东迁移。然而,人口迁移不仅仅受到经济发展水平的影响,迁入迁出地距离、国家政策、文化背景同样对其有重要影响。其中,交通运输能够为人口提供空间上的位移,而交通运输服务与人口迁移之间的关系研究成为重要的学科话题。

肖乾刚以全国第五、六次人口普查与 2005、2015 年 1% 人口普查数据资料为基础,选用省际人口迁移的迁出流、迁入流、迁移吸引强度等方法,系统地研究我国 2000—2015 年省际迁移需求变化趋势。结果表明:省际人口迁出流与迁入流反映了中国省际区域整体变化趋势;主要的迁移方向是由不发达省份指向发达省份、由西部指向东部,而省际人口迁移的净迁移流主要分布在东南沿海地区,中、西部地区分布较少。

王先进、刘芳以重力模型为基础,研究交通运输对人口迁移的影响。其中,交通运输对人口迁移的影响因素包括距离、人口及经济变量。结果显示,一方面,交通的集聚效应必然导致人口的聚集;另一方面,这种聚集并非无限的,随着人口迁移对城市结构的作用,交通对人口迁移的影响也在发生着变化。文中总结得出,交通对人口迁移始终起着调节作用,使城市向着健康、和谐的方向发展，交通作为整个国民经济的基础，地位不容忽视。

马伟等人通过构建引力模型，探讨了人口迁移的影响因素和机制。指标选取中，以跨省城乡收入差距、人口规模等为控制变量，以相邻变量、边界变量、空间距离等空间变量，以火车交通时间的变化表征交通基础设施的改善。结果显示，交通基础设施改善带来的交通效率的不断提高，大大促进了中国人口迁移的速度和规模，加速了国内要素市场的一体化和经济发展。

3.3.3 人口特征与个性化交通服务

随着经济水平提高、科技水平发展，人们对交通出行的需求愈加多样化，针对人口与个性化交通运输服务的关系研究逐渐成为学者关注重点。

刁晶晶等人认为在当今社会价值体系向着多元化个性化趋势发展的情况下，居民出行需求也将发生重大改变，尤其在活动空间、活动方式及其对服务的需求方面都随之发生转变。与之相应的，交通运输业也将在基础设施、运营服务及发展环境等多个层面进行提升，提供集约化和个性化并存的交通服务，并且建立动态长效评估调整模型作为制度保障。

程苑等人基于我国人口结构快速变迁背景下，研究了大城市中人口结构特征的变化带来的交通出行需求变化。文章归纳整理出四种对我国交通出行需求影响较大的人口结构特征，分别为人口持续向大城市及城市群集聚、流动人口体量大、老龄化趋势突出、家庭规模变小、结构更加多元。以北京市为例，通过相关数据统计分析得出人口结构变化下大城市交通需求的变化特征及趋势。结果表明，未来大城市交通需求偏向于长距离出行、无障碍设施交通服务、个性化定制出行及绿色出行。

刘江鸿表示人口老龄化趋势给我国交通安全管理带来了新的问题，特别是在人口老龄化速度较高的城市。为了更好地保障老年人交通安全及其他合法交通权益，根据老年人的交通心理特征及活动规律，应采取适合老年人特点的交通安全管理方法和对策；从安全教育的角度出发，倡导以家庭教育为主，以开展专门教育、组织交通安全活动等社会教育为辅；从出行管理的角度出发，加强路面老年人交通管理，创造良好的交通设施和环境。

刘丁榕等人通过第七次全国人口普查数据，发现新时期我国人口总量保持稳定低速增长、人口质量稳步提升、城镇化水平不断提高、人口集聚趋势明显、老龄化进程进一步加快等人口变化的新特征。基于人口发展呈现出的新特征对我国民航发展所带来的机遇与挑战，提出加快民航基础设施布局建设、提升航空运输网络服务能力、着力提升航空服务质量等民航中长期发展建议。

3.4 作用机理总结

交通运输具有多重属性，人口与交通运输存在相互作用的关系。通过对现有研究的总结，人口与交通的相互作用主要表现为以下几个方面。

一是交通网络发展促进区域扩张、人员流动，而人口的集聚又加快交通网络布局进程。首先，交通网络布局与人口分布均存在正向的空间关联性，城市的发展与扩张将促进交通网络布局和人口密度增加，完善的交通网络与集聚的人口分布又会推动城市进一步发展与扩张。其次，交通网络布局与人口分布两者之间存在相关性，即人口变化产生交通需求，进而影响交通网络布局，交通网络发展进一步支撑人口的变动。最后，交通网络布局中的交通基础设施建设与人口之间存在交互作用机制。一方面，交通基础设施建设通过直接影响生产要素价格来促进产业结构优化、增加就业机会，从而产生人口集聚；另一方面，交通基础设施建设存在的滞后性将导致交通拥堵、环境污染等问题，造成人口外流。

二是多元化交通运输方式可满足人口多样化出行需求，而出行需求变化又会推动交通运输结构协同发展。例如，高速铁路建设提高了人口流动率，尤其是发达城市的人口规模得到进一步扩大，城市服务行业劳动生产率得到提升。城市轨道交通的布局有效缓解了由城市人口规模过高、区域人口密度过大等引起的城市交通拥堵问题。由于人口大迁徙，人们对于出行距离、出行时间、出行模式提出更多要求，交通运输结构朝着多元化交通运输方式协同运行发展，进而衍生出了公路、水运、铁路、城市轨道、航空等多种交通方式，而多方式交通下的组合出行模式将更有利于提高人口城市化水平。

三是交通运输服务的改善能够有效促进人口流动，而新时代人口特征变化也对交通服务提出新要求。例如，综合交通枢纽的发展有利于不同运输方式的有效衔接，城市交通枢纽建设将有效提升城市路网的承载能力、缓解城市交通拥堵现象，综合交通枢纽带来的交通运输服务集聚效应必然也会引起人口的集聚。再如，网约车、共享单车、共享汽车等新的交通服务模式为出行带来了极大的便利，出行即服务（MaaS）理念的广泛应用更是将交通运输从工具化向服务化转变，提升出行的体验感，鼓励乘客减少私家车的使用，进而刺激出行需求。当今社会价值体系正朝着多元化、个性化趋势发展，城市中人口结构特征持续向城市群集聚、流动人口体量大、老龄化趋势突出等方向发展，未来城市交通需求必定会发生重大变化，集约化、个性化并存的交通服务将是发展的新方向。

我国人口现代化进程与特点

研究基于我国人口普查数据，对人口发展历程进行梳理，对人口变化呈现的特点进行总结，特别是基于人口与交通耦合机理，分析对综合交通运输供给影响较大的人口变化因素，力求为今后综合交通运输发展更好地适应人口发展需求提供参考。人口普查是指在某一特定时间，对一个国家或地区的全部人口包括其社会经济状况在内的基本特征进行收集、整理、评估、分析和发布的全过程。我国先后于1953年、1964年、1982年、1990年、2000年和2020年完成了七次人口普查。此外，我国规定在两次人口普查之间（尾数逢5的年份）开展一次1%抽样调查，也称为"小普查"，其余每年进行一次1‰抽样调查。相较而言，人口普查不存在抽样误差，漏登率低，数据准确。因此，人口普查能够全面查清一个国家或地区的人口规模、结构和分布等，为完善我国人口发展战略和政策体系、制定经济社会发展规划、推动人口高质量发展提供了准确的统计信息支持。

4.1 人口规模

4.1.1 人口总量低速增长，增速下降

（1）人口总量

全国人口数量是反映人口规模的重要指标，我国七次人口普查数据有效反映了我国的人口规模发展变迁历程。图4-1为历次人口普查下全国人口数量与年均增长率。

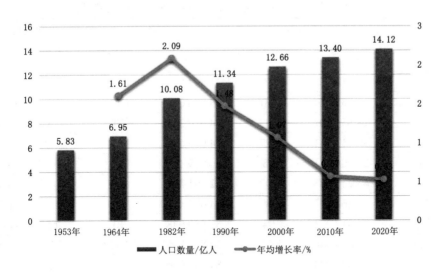

图 4-1　历次人口普查全国人口数量与年均增长率

（数据来源：《中国统计年鉴—2021》）

结合全国人口数量及增长率来看，一方面，一普至三普期间是全国人口快速增长的时期。一普结果显示，我国人口数量为 5.83 亿人，远远大于中华人民共和国成立初期人们对国人数量"四万万同胞"的认知；二普结果显示，全国普查登记的 31 个省区市和现役军人人口总数进一步增长至 6.95 亿人，增长 19.21%，年均增长率达 1.61%；三普结果显示，我国人口数量第一次突破 10 亿大关，达到 10.08 亿人，增长 45.04%，年均增长为 2.09%，成为七次普查中增长率最高的一次。另一方面，三普至七普时期，虽然人口数量增长，但其年均增长率在缓慢下降，其中全国人口四普时为 11.34 亿人，五普时为 12.66 亿人，六普时为 13.40 亿人，七普时为 14.12 亿人，年均增长率分别为 1.48%、1.07%、0.57% 及 0.53%。随着人口增速逐步放缓，我国即将迎来中国人口总量的拐点，人口增长势头放缓以至扭转，人口零增长甚至负增长时代即将来临。

（2）各地区人口规模变化

全国人口数量统计范围包括 31 个省区市和现役军人，因此，需进一步细化各省区市人口规模的变化情况，分析其人口密度，总结我国各省区市人口规模的发展变迁历程。如表 4-1、图 4-2、图 4-3 所示。

表 4-1　第六、七次全国人口普查各省区市人口规模对比

地区	2010年		2020年		年均变化率	
	人口数/人	人口密度/（人·千米⁻²）	人口数/人	人口密度/（人·千米⁻²）	人口/%	密度/%
北京	19 612 368	1 195	21 893 095	1 334	1.11	1.11
天津	12 938 224	1 100	13 866 009	1 159	0.69	0.52
河北	71 854 202	383	74 610 235	392	0.38	0.23
山西	35 712 111	227	34 915 616	222	−0.23	−0.21
内蒙古	24 706 321	38	24 049 155	36	−0.27	−0.41
辽宁	43 746 323	297	42 591 407	287	−0.27	−0.37
吉林	27 462 297	187	24 073 453	163	−1.31	−1.38
黑龙江	38 312 224	94	31 850 088	81	−1.83	−1.46
上海	23 019 148	3 631	24 870 895	3 922	0.78	0.78
江苏	78 659 903	766	84 748 016	800	0.75	0.44
浙江	54 426 891	523	64 567 588	611	1.72	1.57
安徽	59 500 510	428	61 027 171	435	0.25	0.17
福建	36 894 216	296	41 540 086	336	1.19	1.26
江西	44 567 475	267	45 188 635	271	0.14	0.14
山东	95 793 065	606	101 527 453	641	0.58	0.57
河南	94 023 567	572	99 365 519	605	0.55	0.57
湖北	57 237 740	378	57 752 557	381	0.09	0.07
湖南	65 683 722	333	66 444 864	338	0.12	0.14
广东	104 303 132	576	126 012 510	701	1.91	1.97
广西	46 026 629	195	50 126 804	210	0.86	0.75
海南	8 671 518	2 053	10 081 232	1 343	1.52	−4.15
重庆	28 846 170	348	32 054 159	389	1.06	1.11
四川	80 418 200	415	83 674 866	433	0.40	0.42
贵州	34 746 468	338	38 562 148	375	1.05	1.05
云南	45 966 239	232	47 209 277	242	0.27	0.42
西藏	3 002 166	3	3 648 100	4	1.97	1.97
陕西	37 327 378	181	39 528 999	193	0.57	0.61
甘肃	25 575 254	61	25 019 831	65	−0.22	0.58
青海	5 626 722	313	5 923 957	330	0.52	0.54
宁夏	6 301 350	100	7 202 654	122	1.35	1.94
新疆	21 813 334	95	25 852 345	113	1.71	1.79

数据来源：《中国人口和就业统计年鉴—2021》《中国城市统计年鉴—2021》《中国城市统计年鉴—2011》。

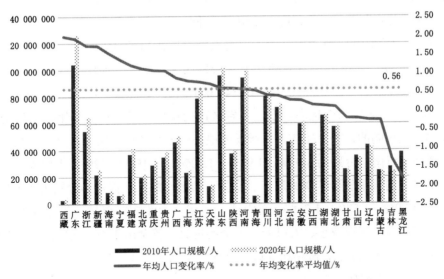

图 4-2 第六、七次全国人口普查各省区市人口规模及年均变化率

（数据来源：《中国人口和就业统计年鉴—2021》）

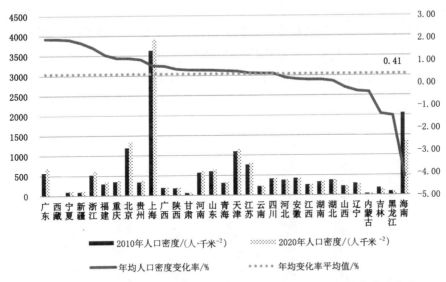

图 4-3 第六、七次全国人口普查各省区市人口密度及年均密度变化率

（数据来源：《中国人口和就业统计年鉴—2021》）

如表 4-1、图 4-2、图 4-3 所示，大部分省区市人口数量呈上升趋势。2020 年，我国 31 个省份中，人口超过 1 亿的省份有两个，较 2010 年多 1 个；在

5 000 万人至 1 亿人的省份有 9 个，在 1 000 万～5 000 万人的省份有 17 个，少于 1 000 万人的省份有 3 个，均与 2010 年相同。

其中，与 2010 年第六次全国人口普查相比，2020 年 31 个省份中，有 25 个省份人口增加。人口增长较多的 5 个省份依次为：广东、浙江、江苏、山东、河南，分别增加 21 709 378 人、10 140 697 人、6 088 113 人、5 734 388 人、5 341 952 人。从年均变化率来看，各省区市的年均人口增长率和年均人口密度增长率呈现相同的走势。年均人口增长率最高的五个省份依次为西藏、广东、浙江、新疆、海南，分别为 1.97%、1.91%、1.72%、1.71%、1.52%，年均人口密度增长率最高的五个省份依次为广东、宁夏、新疆、浙江、福建，分别为 1.97%、1.94%、1.79%、1.57%、1.26%。而山西、辽宁、内蒙古、吉林、黑龙江及甘肃等省份存在人口规模减小、人口密度下降的现象。较全国年均变化率而言，全国 31 个省份中，有 15 个省份年均人口增长率低于 0.56%，有 11 个省份年均人口密度增长率低于 0.41%。

4.1.2 平均家庭户规模不断缩小

在人口普查中，户别人口也能反映人口规模的变化。一般来说，户别人口分为家庭户和集体户。其中，家庭户是指以家庭成员关系为主、居住一处共同生活的人组成的户。图 4-4 为历次人口普查下全国家庭户规模。

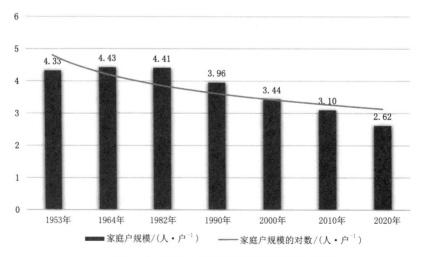

图 4-4　历次人口普查下全国家庭户规模

（数据来源：《中国人口和就业统计年鉴—2021》）

由图 4-4 的趋势线可知,我国平均家庭户规模不断缩小。一普时期,平均每个家庭户的人口为 4.33 人,二普增加了 0.1 人至 4.43 人。从三普开始,家庭户规模一直在减少,三普为 4.41 人,略微减少了 0.02 人,四普至七普平均每十年下降 0.5 人,分别为 3.96 人、3.44 人、3.10 人及 2.62 人。其中七普时期第一次突破 3 人,打破了我国家庭规模"三口之家"的固有模式,且之后仍有下降的趋势。人口流动、分居和生育观念改变都有可能导致均家庭户规模下降。一方面,城镇化进程加快使得人口流动更加便利,城市落户政策的完善使得原本居于一户的家庭成员分散多处;另一方面,城市工作、住房等压力及独立自主思想使得年轻人生育观念改变,转向对个人自由、舒适、轻松生活的追求,生育率下降也将导致家庭户规模的缩小。

4.1.3 少数民族人口增速较高

我国是一个多民族国家,以汉族为主体的各民族共同缔造了中华民族的历史。因此,需要进一步探讨各民族人口规模的变化趋势,研究各民族在我国人口中的占比,更好地掌握我国人口规模变化的具体情况,如表 4-2 所示。

表 4-2　历次人口普查汉族和少数民族人口规模、占比及年均增长率

年份	汉族			少数民族		
	人数/万人	比重	年均增长率/%	人数/万人	比重	年均增长率/%
1953	54 728	93.94	—	3 532	6.06	—
1964	65 456	94.24	1.64	4 002	5.76	1.14
1982	94 088	93.32	2.04	6 730	6.68	2.93
1990	104 248	91.96	1.29	9 120	8.04	3.87
2000	115 940	91.59	1.03	10 643	8.41	1.51
2010	122 593	91.51	0.56	11 379	8.49	0.67
2020	128 631	91.11	0.48	12 547	8.89	0.98

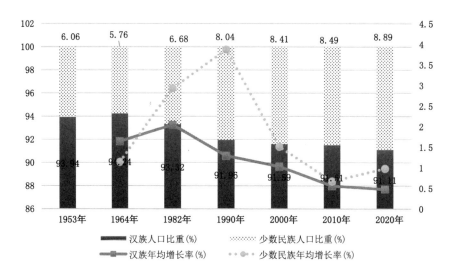

图 4-5　历次人口普查各民族人口占比及年均增长率

（数据来源：历次人口普查资料）

从人口规模上看，少数民族人口规模和比重呈上升趋势。一普到三普时期，少数民族比重先降后增，分别为 6.06%、5.76%、6.69%；四普到七普时期，随着《关于恢复或改正民族成分的处理原则的通知》的颁布，部分人口的民族成分由汉族转换为少数民族，少数民族人口比重稳步上升，分别为 8.04%、8.41%、8.49%、8.89%，其中五普时期少数民族人口规模首次突破 1 亿人，达到 10 643 万人。从年均增长率看，少数民族年均增速先增后降，1953—1900 年年均增长率逐渐上升，分别为 1.14%、2.93%、3.87%。随后，1900—2020 年进入增速下降模式，从 3.87% 降至 0.98%。汉族人口年均增速总体呈下降趋势，1982 年增速达到最大值，为 2.04%，之后近 40 年一直下降，直至 2020 年的 0.48%。

4.2　人口结构

4.2.1　老龄化进程明显加快

人口年龄结构能够反映人口状况，预示未来人口趋势，通过不同时间段我国人口年龄结构的统计分析，有利于研究和掌握我国人口的过去、现在及未来，为今后的社会经济发展规划提供人口年龄支持。其中，人口金字塔通过描绘人口年龄和性别分布状况，有效反映了我国各年龄人数及其占比，如图4-6、图4-7所示。

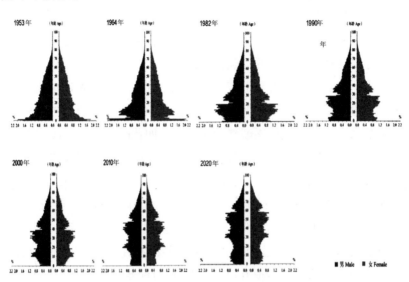

图 4-6 我国历次人口普查人口金字塔

（图片来源：2020年第七次全国人口普查主要数据）

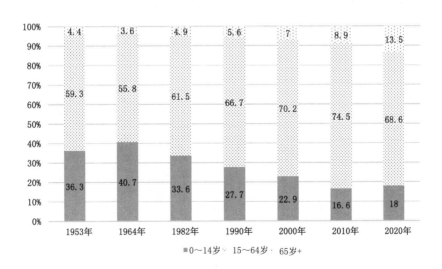

图 4-7 历次人口普查全国人口年龄结构

（数据来源：2020年第七次全国人口普查主要数据）

从金字塔形状来看，一普、二普属于增长型，即塔形呈上尖下宽的正三角形，表明随着年龄的上升，其人口在总人口中的占比逐渐下降；随着计划生育政策的实施、社会经济的发展，三普、四普时期我国出生人口得到优化，虽然仍属于增长型状态，但塔形底部存在收缩趋势；五普、六普、七普逐渐朝着静止型发展，即塔形上下差别不大，曲线比较平稳，但是图中的塔形底部存在收缩趋势，说明我国仍存在儿童比例较低的风险。

从年龄占比来看，从一普到七普，最大年龄段占比从儿童逐渐向中、老年演变。一普、二普时期，0～14 岁儿童明显占据较大比重，分别为 36.3%、40.7%，并且随着年龄增大，人口数量逐渐减少；三普、四普时期，0～14 岁人口比例下降，而 15～64 岁人口比例上升，分别为 61.5%、66.7%，65 岁及以上人口数量较少但比重不断上升；五普、六普、七普时期，65 岁及以上人口比重继续不断增长，在 2020 年到达顶峰至 13.5%，而 0～14 岁人口比例下降趋势有所改善，从 2010 年的 16.6% 上升至 2020 年的 18%，但仍然存在儿童规模较低的风险。

随着科学技术的进步、医疗卫生条件的改善和生活水平的提高，人口寿命得到大大延长，老年人口比重进一步提升。根据国际通行标准，当一个国家或地区 60 岁及以上老年人口数量占总人口比例超过 10% 或 65 岁及以上老年人口比例超过 7%，便意味着进入老龄化社会。人口老龄化将带来社会代际矛盾、服务供给压力增大、社会保障负担加重等新挑战。图 4-8 为我国历次人口普查下老龄人口规模及其比重。

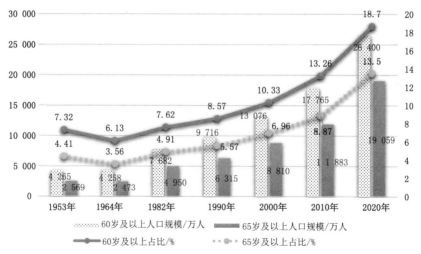

图 4-8 我国历次人口普查下老龄人口规模及其比重

（数据来源：《中国统计年鉴—2021》、各省统计年鉴）

图 4-8 显示，我国老龄化人口经历了三个发展阶段。第一个阶段，从一普到二普，60 岁及以上和 65 岁及以上人口比例下降，分别下降了 1.19%、0.85%。第二个阶段，从二普到五普，60 岁及以上和 65 岁及以上人口比例上升，从 6.16%、3.56% 分别上升到 10.33%、6.96%，在近 40 年时间中增长了将近 1 倍，且由于我国 60 岁及以上人口超过 10%，表明我国正式进入老龄化社会。第三个阶段，从五普到七普，60 岁及以上和 65 岁及以上人口比例急剧上升，从 10.33%、6.96% 分别上升到 18.7%、13.5%，在短短 20 年中增长了将近 1 倍，60 岁及以上人口和 65 岁及以上人口都达到老龄化社会标准，表明我国老龄化现象进一步加剧。

4.2.2　老龄化城乡、区域差异明显

（1）老龄化存在区域差异

从东部、中部、西部、东北四大地区（表 4-3）角度来看，在近十年间四大板块老龄化程度持续加深。图 4-9 为第六、七次全国人口普查四大地区 60 岁及以上人口规模及比重。2020 年末，东部、中部、西部、东北地区 60 岁及以上的人口分别为 10 341 万人、6 899 万人、6 804 万人、2 390 万人，占比分别为 18.89%、18.98%、16%、24%，其占比远超国际标准规定的 10%。图 4-10 为第六、七次全国人口普查四大地区 65 岁及以上人口规模及比重。其中，65 岁及以上人口为 7 353 万人、5 070 万人、5 026 万人、1 615 万人，占比分别为 13.32%、13.78%、11.6%、16.21%，远超国际标准规定的 7% 界限。此外，四大地区中的东北地区成为老龄化程度最严重的区域，10 年间老龄人口比重上升了近 1 倍。

表 4-3　四大地区区域范围

地区	包含的省（区、市）
东部（10省、市）	北京、天津、河北、上海、江苏、浙江、福建、山东、广东、海南
中部（6省）	山西、安徽、江西、河南、湖北、湖南
西部（12省、区、市）	内蒙古、广西、重庆、四川、贵州、云南、西藏、陕西、甘肃、青海、宁夏、新疆
东北（3省）	辽宁、吉林、黑龙江

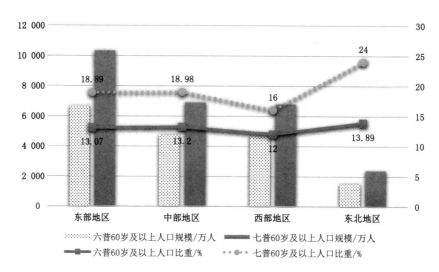

图 4-9 第六、七次全国人口普查四大地区 60 岁及以上人口规模及比重
（数据来源：《中国统计年鉴—2021》）

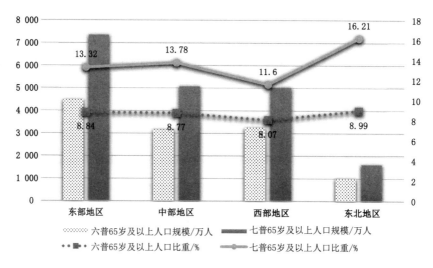

图 4-10 第六、七次全国人口普查四大地区 65 岁及以上人口规模及比重
（数据来源：《中国统计年鉴—2021》）

从城市群角度来说，在近 10 年间四大城市群（表 4-4）老龄化程度持续加深，且老龄化水平高于全国平均水平。图 4-11 为第六、七次全国人口普查四大城市群 60 岁及以上人口规模及比重。2020 年末，京津冀、长三角、珠江三角洲

（简称珠三角）、成渝城市群 60 岁及以上人口分别为 2 151 万人、3 452 万人、835 万人、1 700 万人，除珠三角城市群外，京津冀、长三角、成渝城市群 60 岁及以上人口占比均超过 20%，分别为 20.48%、21.56%、24.06%，远高于 10% 的老龄化社会临界线。图 4-12 为第六、七次全国人口普查四大城市群 65 岁及以上人口规模及比重。其中，四大城市群 65 岁及以上人口为 1 492 万人、2 535 万人、574 万人、1 337 万人，分别占比 14.25%、11.48%、7.36%、18.92%，可以看出四大城市群中的京津冀、长三角、成渝城市群老龄化问题尤其严重。

表 4-4　四大城市群区域范围

城市群	包含的城市区域
京津冀（13市）	北京、天津、保定、唐山、廊坊、秦皇岛、张家口、承德、石家庄、沧州、邯郸、邢台、衡水
长三角（27市）	上海、南京、无锡、常州、苏州、南通、盐城、扬州、镇江、泰州、杭州、宁波、嘉兴、湖州、绍兴、金华、舟山、台州、温州、合肥、芜湖、马鞍山、铜陵、安庆、滁州、池州、宣城
珠三角（9市）	广州、深圳、珠海、佛山、东莞、中山、江门、肇庆、惠州
成渝（16市）	重庆、成都、自贡、泸州、德阳、绵阳、遂宁、内江、乐山、南充、眉山、宜宾、广安、达州、雅安、资阳

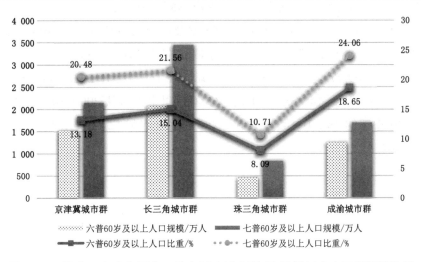

图 4-11　第六、七次全国人口普查四大城市群 60 岁及以上人口规模及比重

（数据来源：《中国统计年鉴—2021》、各省统计年鉴）

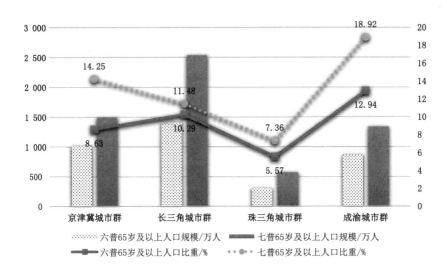

图 4-12　第六、七次全国人口普查四大城市群 65 岁及以上人口规模及比重

（数据来源：《中国统计年鉴—2021》）、各省统计年鉴

（2）老龄化城乡差异巨大

第五、六、七次全国人口普查城乡 60 岁及以上和 65 岁及以上人口规模及比重如图 4-13、图 4-14 所示。一方面，城镇、农村老年人口均呈现增长态势。五普至七普的 20 年里，农村老年人口规模不断上升，其中 60 岁及以上人口从 85 568 096 人增加至 121 356 294 人，65 岁及以上人口从 58 808 800 人增加至 90 352 876 人。同样，城镇人口在 20 年内也在快速增长，60 岁及以上人口从 2000 年的 44 409 774 人升至 2010 年的 78 291 143，并在 2020 年超过农村 60 岁及以上人口，达到 142 661 924 人。65 岁及以上人口从 2000 年的 29 465 222 人升至 2010 年的 78 291 143，并在 2020 年超过农村 65 岁及以上人口，达到 100 282 404 人。

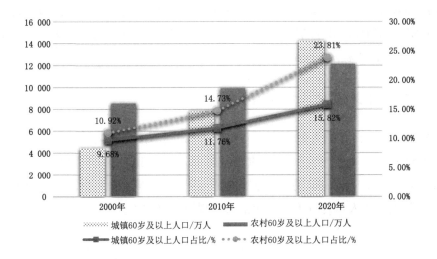

图 4-13 第五、六、七次全国人口普查城乡 60 岁及以上人口规模及比重
（数据来源：《中国统计年鉴—2021》）

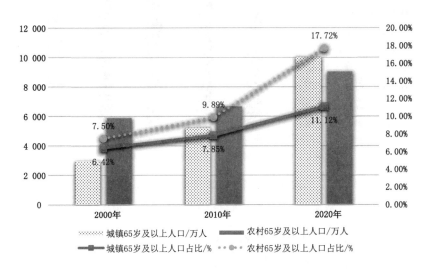

图 4-14 第五、六、七次全国人口普查城乡 65 岁及以上人口规模及比重
（数据来源：《中国统计年鉴—2021》）

另一方面，农村老龄化问题较城镇而言更为严重。2000 年末，农村与城镇的 60 岁及以上人口占比相近，分别为 10.92%、9.68%。到了 2020 年末，农村与城镇的 60 岁及以上人口占比拉开差距，分别为 23.81%、15.82%，两者相差

7.99%。同样的，在 65 岁及以上人口比重中，2000 年农村与城镇人口占比分别为 7.50%、6.421%，到了 2020 年末，农村与城镇人口 65 岁及以上人口占比分别为 17.72%、11.12%，相差 6.6 个百分点。

4.2.3　劳动年龄人口比重下降

劳动年龄人口是总人口中最具有生产力和创造力的群体，是参与国家经济发展的主要力量。一般而言，在人的寿命期中，人在 16 ～ 60 岁时被认定为具备劳动能力。劳动年龄人口的数量和比重扩大将会为国家发展带来人口红利。图 4-15 为我国历次人口普查下劳动年龄人口规模及其比重。

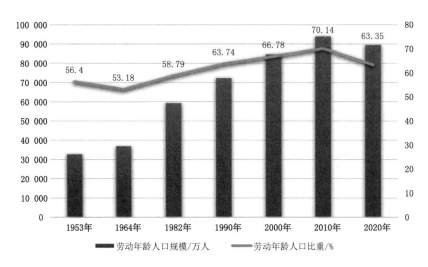

图 4-15　历次人口普查下我国劳动年龄人口规模及其比重

（数据来源：《中国人口和就业统计年鉴—2021》）

从七次人口普查数据可知，我国 16 ～ 60 岁劳动年龄人口规模在持续 60 多年的增长后，在七普时出现负增长。具体而言，从一普到六普，我国劳动年龄人口规模持续增长，分别为 32 859 万人、36 939 万人、59 271 万人、72 261 万人、84 532 万人、93 962 万人；直至七普，我国劳动年龄人口规模下降，为 89 438 万人。

我国劳动年龄人口比重的下降先于规模的减少，并于 2010 年开始负增长。我国劳动年龄人口比重自 1953 年的 56.4% 下降至 1964 年的 53.18% 后，开始了长达 40 多年的波动增长。这一比重在 2010 年达至峰值（70.14%），此后持续下降，跌至 2020 年的 63.35%。

此外，为进一步探讨不同区域劳动年龄人口的变化，本书将从东部、中部、西部、东北地区角度及城市群角度出发，掌握区域间劳动年龄人口规模的发展变化，如图 4-16 所示。

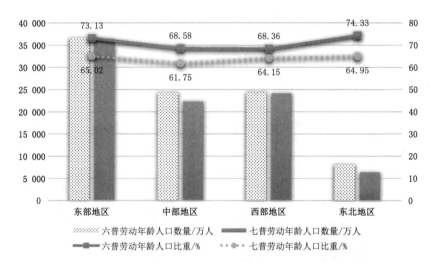

图 4-16　第六、七次全国人口普查四大地区劳动年龄人口规模及比重

（数据来源：《中国统计年鉴—2021》）

从我国四大地区角度来看，一方面，东部、中部、西部、东北四大地区的劳动年龄人口总量在近 10 年均呈减少态势。在四大地区中，东部地区在六普、七普中的劳动年龄人口规模均为最多，分别为 36 570 万人、36 389 万人，10 年间减少了 181 万人；中部、西部地区劳动年龄人口规模相近，六普时期分别为 24 337 万人、24 417 万人，七普时期分别为 22 327 万人、24 143 万人；东北地区在六普、七普中的劳动年龄人口规模处于四大地区末尾且人口减少趋势最为明显，分别为 8 128 万人、6 377 万人，10 年间减少了 1 751 万人。另一方面，东部、中部、西部、东北四大地区劳动年龄人口占其人口总量较大的比重，但出现比重下滑的现象。四大地区劳动年龄人口比重均在 60% 以上，六普时期东部、中部、西部、东北地区的比重分别为 73.13%、68.58%、68.36%、74.33%。七普时期分别为 65.02%、61.75%、64.15%、64.95%，分别下降了 8.11、6.83、4.21、9.39 个百分点。

第六、七次全国人口普查四大城市群劳动年龄人口规模及比重如图 4-17 所示。从我国四大城市群角度来看，一方面，四大城市群中长三角、珠三角、成渝城市群的劳动年龄人口规模较 2010 年有所增长，分别为 10 842 万人、5 851 万人、6 403 万人，其中长三角城市群劳动年龄人口首次突破亿人，而京津冀城市群劳动年龄人口规模呈下滑趋势。另一方面，相比 2010 年，四大城市群的劳动年龄人口比重均出现严重下滑现象，平均下滑 6.15 个百分点。其中，京津冀城市群劳动年龄人口比重下滑现象最为严重，减少了 10.34 个百分点。

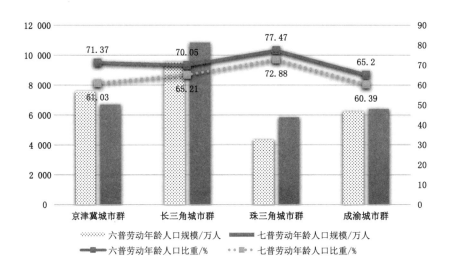

图 4-17　第六、七次全国人口普查四大城市群劳动年龄人口规模及比重

（数据来源：《中国统计年鉴—2021》、各省统计年鉴）

4.2.4　人口素质提升加快

一个国家受教育的程度关乎其人口素质、人口的高质量发展，是未来社会、经济发展的基础。我国自二普以来便开始在人口普查中加入受教育情况调查，以期掌握全民文化素质。

图 4-18 为六次人口普查全国人口的受教育情况。首先，我国人口中小学文化程度比重出现先增后降的变化。二普到四普时期，小学文化程度人口比重逐

次上升，分别为 28.33%、35.24%、37.06%。五普到七普，比重开始逐次下降，分别为 35.70%、26.78%、24.77%。其次，我国人口中初中文化程度比重同样出现先增后降的变化。二普到六普时期初中文化程度比重急剧上升，从 4.68% 升至 38.79%，增长了约 8 倍，其中六普时期初中文化程度比重正式超过小学文化程度，成为教育结构中的主体。到了七普，初中文化程度人口比重下降为 34.51%。最后，高中和中专、大专及以上文化程度人口比重稳步上升。其中，大专及以上文化程度人口比重几乎以每 10 年翻一番的趋势增长，从二普的 0.42% 升至七普的 15.47%。而高中和中专文化程度人口比重相对而言增长速度缓慢，从二普的 1.32% 升至六普的 14.03%，并于七普时期首次被大专及以上文化程度人口超越。

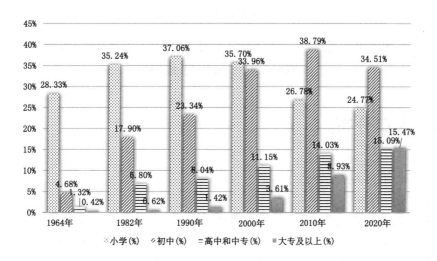

图 4-18 历次人口普查下我国各类受教育程度人口占比

（数据来源：历次人口普查资料）

平均受教育年限是一项综合反映人口受教育程度的指标。从图 4-19 可见，我国 15 岁及以上人口受教育年限呈逐步提高的态势。从二普至七普，平均受教育年限从 2.92 年提升至 9.91 年，增长了 2 倍多，相当于从小学三年级水平提升至高中一年级水平。

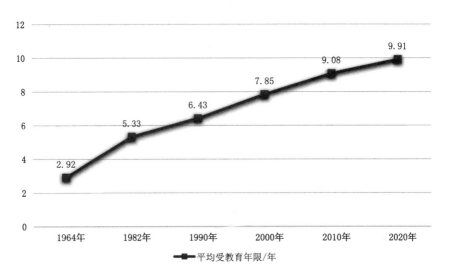

图 4-19　历次人口普查下我国 15 岁及以上人口平均受教育年限

（数据来源：历次人口普查资料）

4.3　人口分布

4.3.1　城镇化速度加快

城镇化是指通过社会经济、科学技术的发展，人类社会由以农业为主的传统型乡村社会向以工业、服务业为主的现代城市社会转变的过程。从人口学的角度分析，城镇化就是农村人口转化为城镇人口的特征。

图 4-20 为历次人口普查下我国城镇、农村人口规模及比重。从我国七次人口普查数据来看，我国城镇人口在不断增加，城市化水平在不断上升。一普到五普，我国城镇人口规模在不断地增加，从 7 726 万人增加到 45 844万人，但仍然少于农村人口规模。六普时期，城镇人口和农村人口相近，分别为 66 557 万人、67 415 万人。到了七普，城镇人口规模正式超过农村人口规模，达到了 90 199 万人。从城镇人口比重来看，城镇人口占总人口比例不断上升。从一普的 13.26%，增至三普的 20.91%，每 5 人中就有 1 人居住

在城镇。随后，城镇化速度继续加快，四普增至 26.44%，每 4 人中有 1 人居住在城镇；五普增至 36.22%，即每 3 人中有 1 人居住在城镇；六普达到 49.68%，城镇人口接近全国总人口的一半；七普更是达到 63.89%，较一普时期增长了 50%。

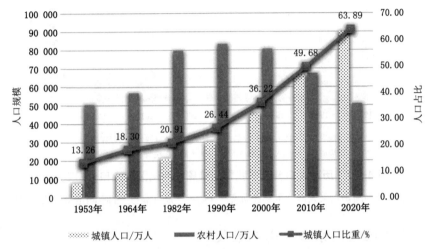

图 4-20　历次人口普查下我国城镇、农村人口规模及比重

（数据来源：2020年第七次全国人口普查主要数据）

4.3.2　人口分布以胡焕庸线为界基本格局稳定

1935 年，地理学家胡焕庸发现了一条我国重要的人口地理分界线，此线北起瑷珲（今黑河）南至腾冲，将偌大的中国版图一分为二。研究提出，在分界线的东南半壁，凭借 36% 的土地供养了 96% 人口；分界线的西北半壁 64% 的土地仅供养了 4% 的人口。随着时间推移，这条线的科学性和稳定性从未被打破，被人们称为胡焕庸线。

由图 4-21 可知，胡焕庸线两侧的人口规模均呈向上的走势，但东南、西北两侧的全国人口分布基本格局保持不变。从人口规模上看，一普到七普，东南侧人口从 5.71 亿人涨至 13.2 亿人，西北侧人口从 0.31 亿人涨至 0.92 亿人。从人口分布来看，人口西疏东密格局仍然保持不变。一普到七普，东南侧人口的比重从 94.80% 降至 93.50%，西北侧人口的比重从 5.20% 涨至 6.50%。上下浮动范围均保持在 1.5% 以内。

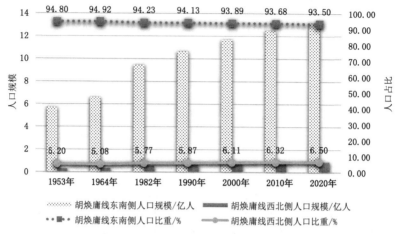

图4-21　历次人口普查下我国胡焕庸线两侧区域人口分布变化

（数据来源：《新中国70年来人口分布变迁研究——基于"胡焕庸线"的空间定量分析》，尹德挺）

4.3.3　人口继续向东部、南部聚集

随着社会经济的发展，我国东部沿海城市依靠优越的地理位置率先得到快速发展，中部、西部等地区城市紧跟其后在国家政策推动下得到发展，但仍然存在着区域间经济发展的差距。在过去几十年区域间经济发展差距推动下，我国人口分布上的区域差异化也在不断的加深。图4-22为第六、七次全国人口普查四大地区人口规模及其占比，图4-23为第六、七次全国人口普查各省区人口规模及其人口绝对数变化。

从四大区域看，我国人口继续向东部地区聚集，而东北地区人口净流出。与六普相比，2020年东部人口规模增加了5 753万人，人口占比上升2.15个百分点。2020年，中部、西部人口规模呈上升趋势，分别增长了794万人、2 249万人，但人口占比方面：中部地区下降了0.79%、西部地区上升了0.22%，变化幅度均在1%范围内。东北地区在2020年末人口规模为9 851万人，较2010年减少了1 100万人，人口占比下降了1.2%，成为人口流失最大的区域。

从南北区域看，南北人口数量差距进一步扩大，北方人口持续向南方迁移。2010—2020年，人口绝对数增长前十位的省份有七个属于南方区域，其中南方省份包揽前三，分别为广东、浙江、江苏，其人口绝对数增长分别为2 171万人、1 014 万人、609 万人。甘肃、内蒙古、陕西、辽宁、吉林、黑龙江等北方省份均出现人口萎缩现象,其中辽宁、吉林、黑龙江三省人口减少过百万,分别减少了 115 万人、339 万人、646 万人。

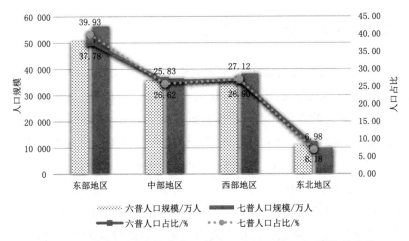

图 4-22　第六、七次全国人口普查四大地区人口规模及其占比

(数据来源:《中国统计年鉴—2021》)

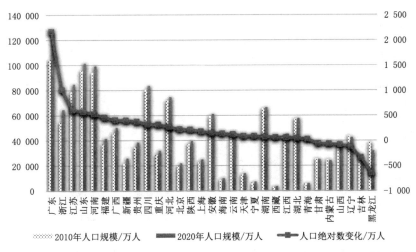

图 4-23　第六、七次全国人口普查各省区人口规模及其人口绝对数变化

(数据来源:《中国统计年鉴—2021》)

4.4 人口流动

4.4.1 流动人口规模增加，增速趋缓

（1）人户分离流动更趋活跃，市辖区内人户分离规模巨大

人户分离人口指居住地与户籍所在地不同，且时间超过半年以上的人口，是一种含义较为宽泛的人口流动。根据最近几次人口普查数据和 1% 人口抽样调查数据可知（图 4-24），2000—2020 年，全国人户分离人口规模呈快速增长态势，且年均增速呈倾斜的"N"形上升。2000 年我国人户分离人口为 14 439 万人，2005 年上升至 17 940 万人，年均增长率达 4.44%；2010 年又增至 26 139 万人，年均增长率达 7.82%；2015 年人户分离人口进一步增长到 29 266 万人，而年均增长率下降为 2.29%；2020 年人户分离人口爆发式增长至 49 276 万人，年均增长率达 10.98%，创近 20 年新高。其中，市辖区人户分离人口规模也呈快速增长走势，且年均增速快于人户分离人口。2000 年为 2 332 万人，2005 年增至 3 190 万人，年均增长 6.47%；2010 年上涨至 3 996 万人，年均增长率

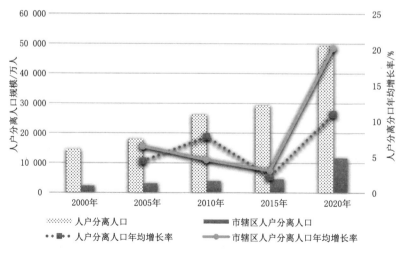

图 4-24　2000—2020 年全国人户分离人口及其年均增长率
（资料来源：2000 年以来历次人口普查、1% 人口抽样调查数据）

有所下降，为4.61%；2015年缓慢上升至4 660万人，年均增长率继续下降至3.12%；2020年进一步增长到11 695万人，年均增长率高达20.21%，是人户分离人口增长率近两倍。

从人户分离人口占全国总人口比重看（图4-25），中国人户分离人口规模及强度呈日趋增大趋势。2000年占比11.39%，即每百人中约有11人为人户分离；2005年为13.72%，每百人中人户分离人口较2000年上升2人，达13人；2010年上升至19.49%，较2005年增加了5.77个百分点；2015年继续上升为21.29%，2020年进一步增至34.9%，表明每百人中有34人为人户分离。其中市辖区内人户分离人口占全国人口比重不大，但其增速较快。2000年仅为1.84%，2010年增至2.98%，2020年进一步上升至8.28%，较2000年增加了3.5倍。

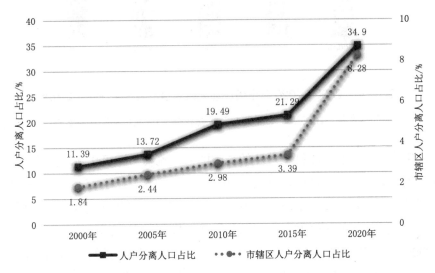

图4-25　2000—2020年全国人户分离人口占全国总人口比重

（资料来源：2000年以来历次人口普查数据、1%人口抽样调查数据）

（2）流动人口规模进一步扩大，增速收窄

流动人口是指人户分离人口中扣除市辖区内人户分离的人口，其能够更加具体地反映人口流动变化。根据最近几次人口普查数据和1%人口抽样调查数据可知（图 4-26），我国流动人口规模一直呈持续增大趋势，且其占全国总人口比重也不断上升。2000 年流动人口规模为 12 107 万人，占全国总人口 9.55%；2010 年增至 22 143 万人，全国占比 17.89%；2020 年进一步增至 37 582 万人，占全国总人口 26.62%，流动人口是 2000 年的 3 倍有余。

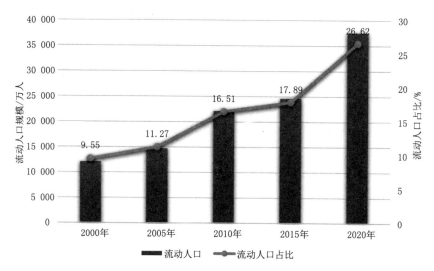

图 4-26　2000—2020 年全国流动人口规模及其占全国总人口比重

（资料来源：2000 年以来历次人口普查数据、1% 人口抽样调查数据）

从年均增长率看，根据王桂新的《中国人口流动与城镇化新动向的考察—基于第七次人口普查公布数据的初步解读》研究，全国流动人口年均增长率呈由快转缓的走势。图 4-27 为 1990—2020 年全国流动人口年均增长率（5 年期）。以 5 年为间隔，1990—2000 年，流动人口规模年均增长率呈断崖式下降，其中 1990—1995 年年均增长率为 28%，1995—2000 年年均增长率下降至 11%，下降速度超过前者的一半。2000—2020 年，流动人口年均增长率基本呈"W"形波动变化。2000—2005 年年均增长率下降至 4.01%，2005—2010 年又上升至 8.49%，2010—2015 年继续下降为 2.12%，2015—2020 年回升至 8.85%。图 4-28 为 1980—2020 年全国流动人口年均增长率（10 年期）。以十年为间隔，1990—2000 年流动人口年均增长率为 19%，2000—2010 年下降至 8%，2010—2020 年进一步下降至 5%，总体呈单调下降趋势。

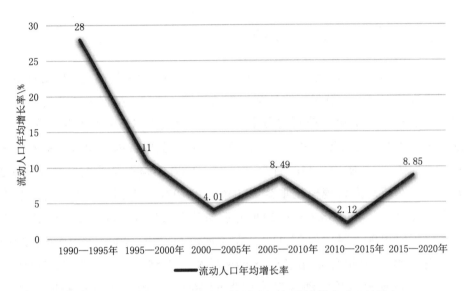

图 4-27　1990—2020 年全国流动人口年均增长率（5 年期）

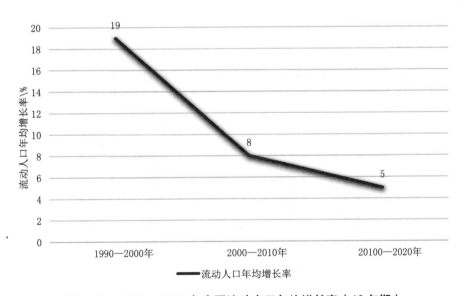

图 4-28　1990—2020 年全国流动人口年均增长率（10 年期）

（资料来源：《中国人口流动与城镇化新动向的考察——基于第七次人口普查
公布数据的初步解读》，王桂新）

4.4.2 人口省内流动占比上升

目前我国流动人口规模巨大，不仅反映在流动人口总规模上，也反映在各种类别的流动人口上，最明显的是跨省流动和省内流动。根据王桂新的文章《中国人口流动与城镇化新动向的考察—基于第七次人口普查公布数据的初步解读》中的数据，跨省流动和省内流动规模剧增，其中省内流动占比总体呈上升趋势，如图 4-29 所示。在跨省流动方面，2000 年跨省流动人口规模为 4 242 万人，占总流动人口规模比重为 35.04%；2010 年上升至 8 602 万人，占总流动人口规模比重增至 38.85%；2020 年跨省流动人口规模进一步增至 12 484 万人，而占比出现下降，为 33.22%。在省内流动方面，2000—2010 年、2010—2020 年，两个十年分别增长了 5 676 万人、11 557 万人。其中，2000 年省内流动人口规模占总流动人口比重为 64.96%，2010 年出现小幅度下降，为 61.15%，2020 年得到较大回升，达 66.78%，总体而言，近 20 年我国省内流动占比呈上升趋势。

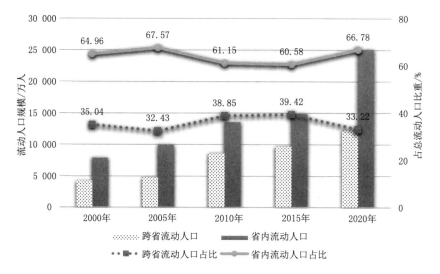

图 4-29 2000—2020 年全国跨省、省内流动人口规模及其占总流动人口比重

（资料来源：《中国人口流动与城镇化新动向的考察——基于第七次人口普查
公布数据的初步解读》，王桂新）

4.4.3　人口加速向城市群、省会城市流动

（1）城市群人口变化

城市群通过城市和区域之间的协同分工，逐渐成为全球经济的增长极，因此需要从城市群角度进一步探讨人口规模变化。笔者以内地发展较好的四大城市群为例，分析四大城市群的人口规模及变化趋势。如图4-30所示。

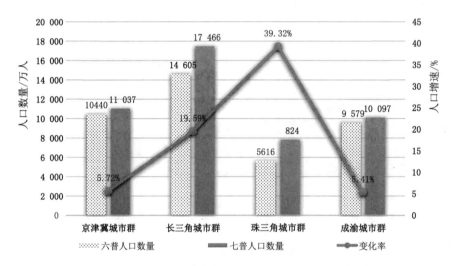

图4-30　第六、七次全国人口普查四大城市群人口规模及年均变化率

（数据来源：《中国统计年鉴—2021》、各省统计年鉴）

从人口总量角度而言，在四大城市群中，人口超过1亿的城市群有3个，较2010年多了一个，分别为京津冀城市群11 037万人、长三角城市群17 466万人、成渝城市群10 097万人，而珠三角城市群规模为7 824万人。从年均变化率角度而言，四大城市群的人口规模在近10年中均为增长态势。具体来说，珠三角城市群人口增速最高，为39.32%，长三角城市群人口增速为19.59%，京津冀城市群人口增速为5.72%，成渝城市群人口增速为5.41%。

（2）省会城市人口变化

过去10年间，全国人口向各省省会城市进一步聚集。图4-31为第六、七次全国人口普查27个省会城市人口规模及年均增长率。从人口总量角度来说，

全国 27 个省会城市人口规模均处于增长态势，其中，增长量排名前五的城市为广州市、成都市、西安市、杭州市、合肥市，分别增长了 1 067.86 万人、945.93 万人、513.27 万人、507.88 万人、442.05 万人。增长量最少的三座城市为哈尔滨市、西宁市、拉萨市，分别增长了 8.98 万人、26.13 万人、31 万人。从年均增长率来说，除了哈尔滨市，其余 26 座城市年均增长率均高于全国年均增长率（0.53%）。其中广州市、合肥市、成都市、海口市、银川市年均增长率最高，分别为 8.8%、6.59%、6.19%、6.06%、6.06%。石家庄市、西宁市、哈尔滨市的年均增长量最低，仅为 1.29%、1.12%、0.09%。

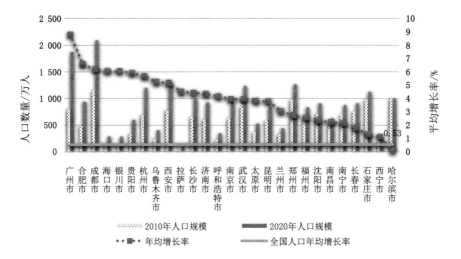

图 4-31　第六、七次全国人口普查 27 个省会城市人口规模及年均增长率

（数据来源：《中国人口和就业统计年鉴—2021》）

5 综合交通网络布局与人口演变协调性

5.1 综合交通网络总体规模布局

5.1.1 铁路

改革开放开启了我国现代化建设的大幕，特别是进入 21 世纪以来，我国经济快速发展，人口规模增加，铁路在内的基础设施建设提速，其中，高速铁路建设最为引人注目。2004 年，《中长期铁路网规划》获批，2008 年、2016 年，国家两次对《中长期铁路网规划》进行调整，为我国铁路发展提供了清晰框架。目前，中国"四纵四横"高速铁路网已提前建成运营，长三角、珠三角、京津冀三大城市群高铁连片成网，东部、中部、西部和东北四大板块实现高铁互联互通。面向未来，中国正在加快建设以"八纵八横"主通道为骨架、区域连接线衔接、城际铁路补充的高速铁路网。从数据来看，人口数量从 2000 年的 12.67 亿人增长到 2020 年的 14.12 亿人，增长了 11.42%；铁路营业里程从 2000 年的 6.87 万千米增长到 2020 年的 14.63 万千米，增长了 112.96%，如图 5-1 所示。

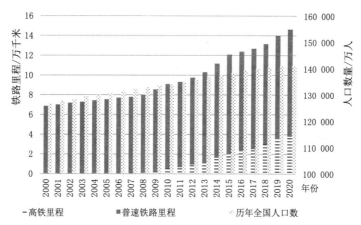

图 5-1　21 世纪以来我国人口规模与铁路营业里程变化情况

（数据来源：《中国统计年鉴—2021》）

如图 5-2 所示，从增速来看，21 世纪以来，全国人口均保持正增长态势，年均增速 0.54%，但增速呈现震荡下行趋势，考虑到我国人口统计工作特点，2000、2010、2020 年这 3 个年份的人口数据由人口普查而来，相对更为准确，2000—2010 年我国人口年均增长率为 5.66%，而 2011—2020 年我国人口年均增长率为 0.52%。铁路建设增速明显高于人口增速，年均增速为 3.88%，且从数据来看，铁路营业里程增速呈明显周期性特征，基本符合以 5 年为一个增长周期的特点，且从 2008 年以来，铁路营业里程增速明显提高。高铁方面，自 2008 年首条高铁建成通车以来，我国高铁建设进入了快车道，到 2020 年，我国高铁通车里程达到 3.79 万千米，年均增长率达到 51.65%。高铁作为客运专线，对承接人口转移、促进人口流动发挥了重要的支撑作用。

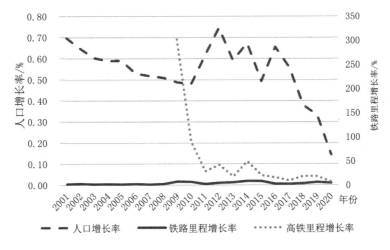

图 5-2　我国铁路营业里程、高速铁路里程与人口增速对比

（数据来源：《中国统计年鉴—2021》）

从人均看，如图 5-3 所示，我国人均铁路里程总体呈增长趋势，2000 年，人均铁路里程为 0.054 米，到 2020 年，人均铁路里程增长到 0.077 米，人均铁路里程增长了 42.59%，年均增长率为 1.77%。虽然我国人均铁路里程总体保持增长趋势，但其绝对值仍与欧美等发达国家有较大差距，据统计，美国 2020 年铁路里程达 25 万千米，人口规模为 3.31 亿，人均铁路里程为 0.755 米，是我国人均里程的 10 倍。近 20 年来，绝大多数年份我国铁路建设都快于人口增长，仅在 2016 年和 2018 年人均铁路里程增长率为负值，分别为 -0.77% 和 -0.43%，略微滞后于人口增长。高铁方面，我国人均高铁里程从 2008 年的不足 0.001 米增长到 2020 年的 0.027 米，12 年间增长了 52 倍，年均增长率达到 50.87%。从人均角度看，我国高铁建设与相关发达国家相比优势开始显现，例如高铁发展传统强国日本 2020 年人口为 1.262 2 亿，新干线铁路网运营里程为 2 765 千米，人均0.022 米。

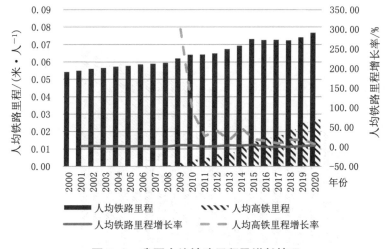

图 5-3　我国人均铁路里程及增长情况

（数据来源：《中国统计年鉴—2021》）

5.1.2　公路

公路交通是居民最常用的出行方式之一。2001 年起，在总结评估"五纵七横"国道主干线规划建设情况的基础上，交通部（现交通运输部）开始组织研究着眼于全面建设小康社会长远发展需要的国家高速公路网规划方案。2004 年 12月，国务院常务会议审议通过《国家高速公路网规划》，总规模约 8.5 万千米，由 7 条首都放射线、9 条南北纵线和 18 条东西横线组成，简称"7918"网。2007 年年底，"五纵七横"国道主干线提前基本贯通。2013 年年底，我国高速公路通车总里程达到 10.44 万千米，突破 10 万大关。2013 年，《国家公路网规划（2013—2030 年）》获国务院批准，规划路网总规模约 40 万千米。

自 2006 年起，村道纳入交通运输部公路里程统计。为保证数据分析口径一致，本研究将 2000—2005 年村道人口数据按 2006—2020 年村道里程数据进行数据拟合分析，并将交通部统计的 2000—2005 年公路里程增加数据拟合分析的村道里程，得到统一口径的公路里程。到 2020 年，我国公路里程达到 503.71 万千米，较 2000 年的 283.82 万千米增长 77.48%。其中，高速公路从 2000 年的 1.63 万千米增长到 2020 年的 16.10 万千米，增长近 9 倍。公路交通网的加密大大促进了人便于行、货畅其流，有力促进了人口流动，提升了经济活力（图 5-4）。

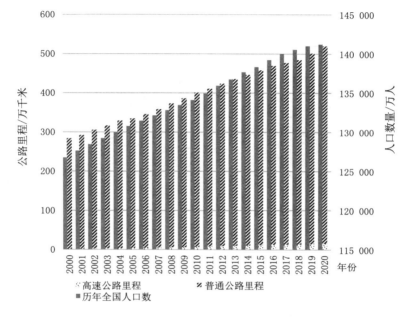

图 5-4 我国人口规模与公路里程变化情况

（数据来源：《中国统计年鉴—2021》）

从增长率来看，我国公路建设速度明显高于人口增速。我国公路里程年均增长率为 6.73%，高速年均增长率达 12.31%，2005 年公路里程统计包括村道，所以增速有一个明显的起伏，如图 5-5 所示。

从人均来看，排除统计口径影响，2000 年，我国人均公路里程为 2.239 米 / 人，到 2020 年，人均公路里程增长到 3.681 米 / 人，增长了 64.40%，年均增速为 2.52%。人均高速公路里程由 2000 年的 0.013 米 / 人增长到 2020 年的 0.114 米 / 人，增长了 7.77 倍，年均增速为 11.70%。如图 5-6 所示，2000—2020 年，人均公路里程增速保持在 1.04% ～ 3.60%，人均高速公路里程增速明显高于人均公路里程增速，增速最高达到 28.55%，但增速呈震荡下行趋势。随着高速里程基数的不断增加，人均高速千米里程增长趋缓，基本稳定在 4% ～ 8%。

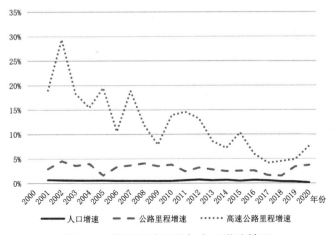

图5-5　我国公路里程与人口增速情况

（数据来源：《中国统计年鉴—2021》）

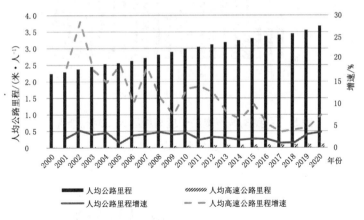

图5-6　我国人均公路路程与增长情况

（数据来源：《中国统计年鉴—2021》）

5.1.3　城市道路

随着我国新型工业化、信息化和农业现代化的深入发展和农业转移人口市民化政策的落实，20年来我国城镇化进程稳步推进，城镇化建设取得了历史性成就。我国城镇化率从2000年的36.22%增长到2020年的63.89%。2000年，我国城镇人口为45 906万人，到2020年，城镇人口增长到90 220万人，城镇化人口翻了一番，年均增长率达3.44%。具体来看，我国居住在城区的人口数量也同步增长。2000 年，我国居住在城区的人口为 38 824 万人，到 2020 年，城区常住人口增长到 53 763 万人，城区常住人口增长了 38.48%，年均增长率为 1.69%。快速增长的城市人口对城市道路基础设施需求也同步增长。如图 5-7、5-8 所示，2000 年，我国城市道路长度为 15.96 万千米，到 2020 年，我国城市道路长度增长到 49.27 万千米，增长了 208%，年均增长率为 5.84%；城市道路面积由 2000 年的 237 849 万平方米增长到 2020 年的 969 803 万平方米，增长了 308%，年均增长率为 7.31%。城市道路基础设施建设大幅领先城市人口增长，为群众出行走得通、走得快提供了巨大支撑。

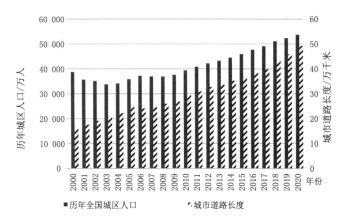

图 5-7 我国城市道路长度与城区人口对比情况

（数据来源：《中国城乡建设统计年鉴—2021》）

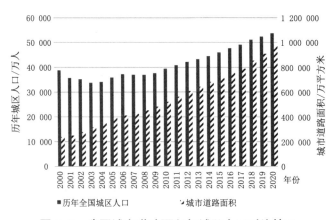

图 5-8 我国城市道路面积与城区人口对比情况

注：自2006年起，人均和普及率指标按城区人口和城区暂住人口合计为分母计算。数据来源：《中国城乡建设统计年鉴—2021》。

从人均来看，按城区人口计算，2000 年，我国人均城市道路长度为 0.41 米，人均城市道路面积为 6.13 平方米，到 2020 年，人均城市道路长度增长到 0.92 米，人均城市道路面积增长到 18.04 平方米，分别增长 122.87% 和 194.30%，年均增长率分别为 4.22% 和 5.64%。如图 5-9 所示，城市道路建设绝对快于城市人口增长，2000—2020 各年度，城市道路面积增长率均高于城区人口增长率，特别是 2006 年以前，两者增长率差别巨大，到 2006 年以后，城市道路建设增幅与城区人口增幅差距缓慢减小，反映出城市发育不断成熟，道路基础设施不断完善。另外，在近 20 年的绝大多数时间里，人均道路面积增长率是高于人均道路长度增长率的，反映出我国城市道路在不断拓宽。

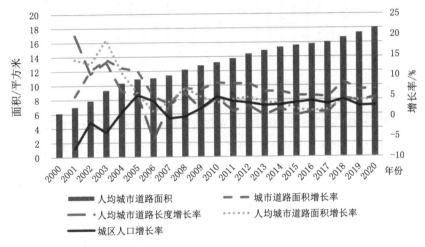

图 5-9 人均城市道路面积及增长情况

注：人均城市道路长度及面积按城区人口统计计算。数据来源：《中国城乡建设统计年鉴—2021》。

5.1.4 农村公路

在我国，农村公路建设始终是农村基础设施建设的重要组成部分。2006 年，交通部发布《农村公路建设管理办法》（交通部令 2006 年第 3 号），着力促进农村公路健康、持续发展。自 2006 年起看，村道纳入交通运输部公路里程统计，农村公路包括县道、乡道、村道及涉及乡（镇）、建制村优选通达路线的专用公路。本研究将 2000—2005 年村道人口数据按 2006—2020 年村道里程数据进行数据拟合分析。如图 5-10 所示，据统计，我国农村公路自

2000 年的 218.86 万千米增长到 2020 年的 428.23 万千米，增长了 95.66%，年均增长率为 2.69%。与此相对应的，随着我国城市化进程的不断深入，乡村人口数量不断下降，由 2000 年的 80 837 万人减少到 2020 年的 50 992 万人，减少了 36.92%。

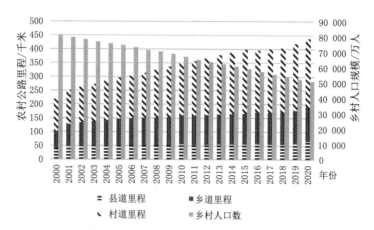

图 5-10 2006—2020 年我国农村公路里程与乡村人口变化情况

（数据来源：《中国人口和就业统计年鉴—2021》、交通运输部历年统计公报整理）

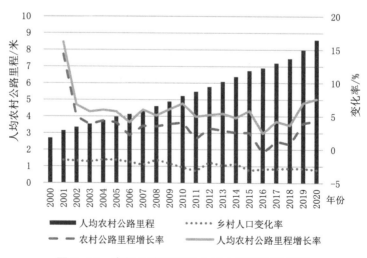

图 5-11 农村公路里程与乡村人口变化率情况

注：人均农村公路里程按乡村人口数计算。数据来源：《中国人口和就业统计年鉴—2021》、交通运输部历年统计公报整理。

从人均来看，2000 年，我国人均农村公路里程为 2.71 米，到 2020 年，人均农村公路里程增长到 8.59 米，增长了 2.17 倍。从图 5-11 可以看出，我国农村公路建设呈周期性特点，基本伴随我国五年规划中对基础设施的投资规律增长。"十三五"期以来，随着"四好农村路"建设的深入推进，农村公路里程增长又重回快车道。值得关注的是，农村人口持续减少，需要审慎大规模新建农村公路，片面追求农村公路里程的高速增长需要谨慎对待，应合理规划农村公路建设，更加关注农村公路建设质量，关注农村公路养护。

5.1.5　城市轨道交通

城市轨道交通是缓解特大城市中心区交通拥堵的有效措施。2000 年，全国开通城市轨道交通的城市有 4 个，到 2020 年，开通城市轨道交通的城市达到 42 个，建成轨道交通线路长度由 2000 年的 117 千米增长到 2020 年的 7 597.94 千米，增长了近 64 倍（图 5-12）。

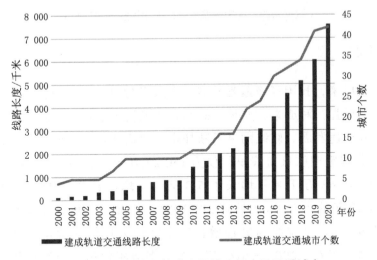

图 5-12　我国城市轨道交通线路长度及开通城市

（数据来源：《中国城乡建设统计年鉴—2021》）

特别是近 10 年以来，城市轨道交通建设速度明显增加，每年新增建成城市轨道交通里程都在 200 千米以上，2020 年新增城市轨道交通里程更是达到 1 539

千米，增速明显高于城区人口增速（图 5-13）。

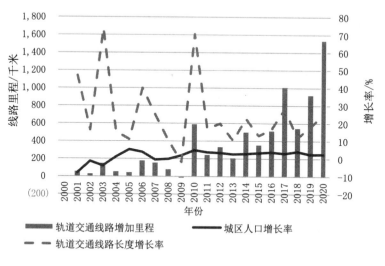

图 5-13 我国城市轨道交通线路与城区人口增长情况

（数据来源：《中国城乡建设统计年鉴—2021》）

5.1.6 民航

21 世纪以来，我国经济蓬勃发展，大众出行对安全、便捷、品质等方面的关注不断增强，对成本、质量、效率和环境提出了更高要求。相应地，我国民航事业快速发展，航线网络不断加密，运输通达性不断增强。据统计，2000 年，我国定期航班航线里程仅为 150.29 万千米，到 2020 年，航线里程增长到 942.63 万千米，增长了 5.3 倍，年均增长率达 10%。人均航线里程从 2000 年的 1.19 米增长到 2020 年的 6.68 米，增长了 4.6 倍，年均增长率为 9.4%。民航线网里程增长速度高于人口增长速度。从历年人均航线里程增速来看，2000—2020 年，绝大多数年份里，航线里程增加都快于人口增长。在 2005、2009、2012、2020 年，人均航线里程有所减少（图 5-14、图 5-15）。

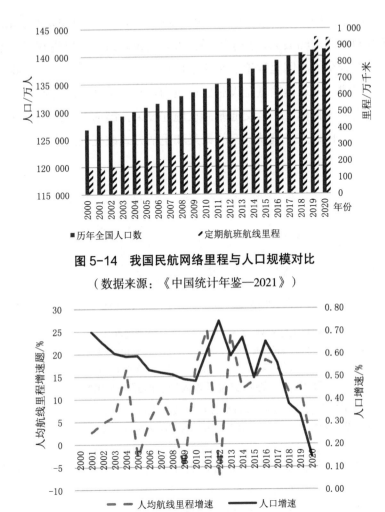

图 5-14　我国民航网络里程与人口规模对比

（数据来源：《中国统计年鉴—2021》）

图 5-15　我国民航航线里程增速与人口增速对比

（数据来源：《中国统计年鉴—2021》）

5.1.7　综合分析

综合分析交通运输体系中铁路、公路、城市轨道交通、民航线网的里程数据，如图 5-16 所示，21 世纪以来，我国综合交通运输体系建设速度大幅领先于人口增长速度，以上 4 类交通线网人均里程从 2000 年的 3.89 米增长到 2020 年的 11.35 米，增长了 1.92 倍。其中，人均铁路里程、公路里程、城市轨道交通长度、民航线网里程分别由 0.054 米、2.239 米、0.41 米、1.19 米增长到 0.077 米、

3.68 米、0.92 米、6.68 米，增幅分别为 42.60%、64.36%、124.40%、461.34%。人均民航线网里程增幅最大，翻了两番；人均城市轨道交通里程翻了一番。增长速度方面，综合交通线网里程增长呈明显周期性特点，周期基本符合我国五年规划投资建设规律，交通运输基础设施建设成为拉动经济增长的有效手段。以建设人民满意的交通为目标，综合交通基础设施建设秉持超前布局理念，在满足我国巨大规模人口增长、人口流动、空间聚集和生活方式改变的进程中做出了突出的贡献。

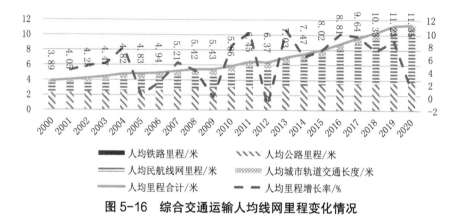

图 5-16 综合交通运输人均线网里程变化情况

注：人均城市道路长度按城区人口数计算。数据来源：《中国统计年鉴—2021》《中国城乡建设统计年鉴—2021》、交通运输行业发展统计公报整理计算。

高铁、高速公路、城市轨道交通是近年来综合交通运输建设的重点。20 年来，我国高速铁路实现了从无到有、从跟跑到并跑再到领跑的跨越，并在促进人口迁徙流动、拉动沿线经济增长进程中发挥了不可比拟的作用，形成了"高铁经济"。随着我国城镇化进程迈入城市群、都市圈时代，高速铁路、城市轨道交通使城市群间人流、物流效率与质量大幅度提高，拉动沿线经济和城市群的区域联系，带动相互间的经济发展。2000 年，我国人均高速公路里程为 0.013 米，到 2020 年，人均高速公路里程增长到 0.114 米，增长了近 8 倍，截至 2021 年底，我国高速公路对 20 万人口以上城市的覆盖率已超过 98%。城市轨道交通方面，我国人均城市轨道交通里程从 2000 年的 0.000 3 米增长到 2020 年的 0.014 1 米，增长了 46 倍。城市轨道交通的建设，提高了沿线地域的可达性，进而改变沿线土地的利用类型，影响城市土地利用的空间分布，从而改变城市人口分布格局，有助于纾解城市核心区高度集聚的人口，增加城市人口流动量（图 5-17）。

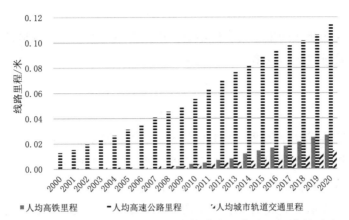

图 5-17 高铁、高速公路、城市轨道交通人均里程增长对比

注：人均城市轨道交通里程按城区人口数计算。数据来源：《中国统计年鉴—2021》《中国城乡建设统计年鉴—2021》、交通运输行业发展统计公报整理计算。

就综合交通运输线网里程增长速率来看，2000—2020 年，综合交通线网里程增长速度快于人口增长速度。2001 年、2003 年、2010 年综合交通线网里程增长速度较为突出，2005 年、2009 年增速较低，其余年份增速相对稳定。如图 5-18 所示，绝大多数交通方式线网里程增长都快于人口增长。2005 年、2009 年、2012 年、2020 年人均民航线网里程呈负增长，2006 年人均城市道路里程呈负增长，2016 年、2018 年人均铁路里程呈负增长。

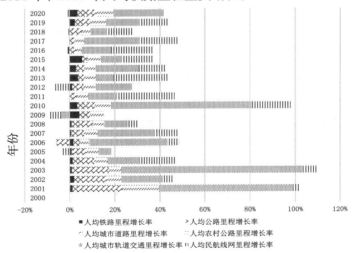

图 5-18 各交通方式人均线网里程增长率

（数据来源：《中国统计年鉴—2021》《中国城乡建设统计年鉴—2021》、交通运输行业发展统计公报整理计算）

比较综合交通线网里程与人口增速，借鉴文章《适应人口发展的现代化综合交通运输体系研究》引入增长差异化指数，如公式5.1所示：

$$Q_i = \frac{(L_{it} - L_{io}) / L_{io}}{P_{it} - P_{io} / P_{io}} \qquad (5.1)$$

式中，L_{it}指第i种交通方式线网在比较年的线网里程，L_{io}指第i种交通方式线网在基准年的线网里程。P_{it}是指第i种交通方式主要服务人口在比较年的人口数量，P_{io}指第i种交通方式主要服务人口在基准年的人口数量。增长差异化指数绝对值大于1表示交通线网里程变化快于人口变化，反之，则表示交通线网里程变化慢于人口变化。

为提高数据处理的准确性，取2000年、2010年、2020年三次人口普查年份的人口和交通数据进行计算，如表5-1、表5-2所示。

表5-1　人口普查年人口数

年份	全国人口数/万人	全国城镇人口/万人	全国城区人口/万人	乡村人口/万人
2000	126 743	45 906	38 824	80 837
2010	134 091	66 978	39 469	67 113
2020	141 212	90 220	53 763	50 992

数据来源：《中国统计年鉴—2021》《中国城乡建设统计年鉴—2021》。

表5-2　人口普查年综合交通线网里程（面积）

年份	铁路里程/万千米	高铁里程/万千米	公路里程/万千米	高速公路里程/万千米	农村公路里程/万千米	城市道路长度/万千米	城市道路面积/万平方米	建成轨道交通线路长度/千米	定期航班航线里程/万千米
2000	6.87	0	283.82	1.63	218.86	15.96	237 849	117	150.29
2010	9.12	0.51	400.82	7.41	350.66	29.44	521 322	1 428.87	276.51
2020	14.63	3.79	519.81	16.10	438.23	49.27	969 803	7 597.94	942.63

数据来源：《中国统计年鉴—2021》、《中国城乡建设统计年鉴—2021》、交通运输行业发展统计公报整理。

如图 5-19 所示，2000—2020 年，我国综合交通中铁路、公路、民航线网里程增加快于人口规模增加，其中民航线网里程增长最快，铁路次之，公路增长速度最慢。从时间段来看，2010—2020 年交通线网里程相对于人口的总体增长速度快于 2000—2010 年，具体从交通方式角度分析，相对于人口，铁路、民航线网里程在 2010—2020 年的增长速度高于在 2000—2010 年的增长速度，且增长速度大幅提升。

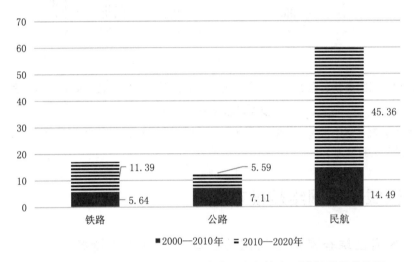

图 5-19 我国铁路、公路、民航线网里程较人口增长差异化指数

（数据来源：《中国统计年鉴—2021》、《中国城乡建设统计年鉴—2021》、交通运输行业发展统计公报整理）

如图 5-20 所示，我国高铁、高速公路、城市道路、城市轨道交通线网里程增长均快于人口增长，特别是城市轨道交通增长最快（城市轨道交通里程数相对其他交通方式少得多）。除了高速铁路，2000—2010 年其他交通方式相对人口增长差异化系数均高于 2010—2020 年。特别是，农村公路里程变化与农村人口变化方向相反，具体表现是农村人口流出，农村公路里程在不断增长。

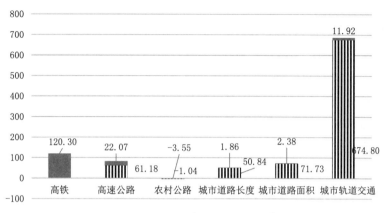

图5-20 我国高铁、高速公路、农村公路、城市道路、城市轨道交通里程（面积）
较人口增长差异化指数

（数据来源：《中国统计年鉴—2021》、《中国城乡建设统计年鉴—2021》、交通运输
行业发展统计公报整理）

5.2 区域交通网络规模布局

5.2.1 各省区综合交通运输网络里程与人口变化情况

在2010—2020年的10年间，在我国的31个省区市中，有25个省区市的人
口发生增长，山西、内蒙古、甘肃、黑龙江、吉林、辽宁6个省区的人口呈负增
长，如表5-3所示。

表5-3 2010—2020年我国各地区人口变化情况

区域	省份	2010年人口/万人	2020年人口/万人	人口变化量/万人	人口变化率/%
东部地区	北京	1 962	2 189	227	11.58
	天津	1 299	1 387	88	6.74
	河北	7 194	7 464	270	3.76
	山东	9 588	10 165	577	6.01
	江苏	7 869	8 477	608	7.73
	上海	2 303	2 488	186	8.06

续表

区域	省份	2010年人口/万人	2020年人口/万人	人口变化量/万人	人口变化率/%
	浙江	5 447	6 468	1 022	18.76
	福建	3 693	4 161	468	12.68
	广东	10 441	12 624	2 183	20.90
	海南	869	1 012	143	16.48
东部地区合计		50 664	56 435	5 771	11.39
中部地区	山西	3 574	3 490	−84	−2.34
	河南	9 405	9 941	536	5.70
	湖南	6 570	6 645	75	1.14
	湖北	5 728	5 745	17	0.30
	江西	4 462	4 519	57	1.28
	安徽	5 957	6 105	148	2.49
中部地区合计		35 697	36 446	749	2.10
西部地区	内蒙古	2 472	2 403	−69	−2.81
	广西	4 610	5 019	409	8.87
	重庆	2 885	3 209	324	11.24
	四川	8 045	8 371	326	4.05
	贵州	3 479	3 858	379	10.89
	云南	4 602	4 722	121	2.62
	西藏	300	366	65	21.77
	陕西	3 735	3 955	220	5.88
	甘肃	2 560	2 501	−59	−2.32
	青海	563	593	29	5.20
	宁夏	633	721	88	13.90
	新疆	2 185	2 590	405	18.56
西部地区合计		36 069	38 306	2 237	6.20
东北地区	黑龙江	3 833	3 171	−662	−17.28
	吉林	2 747	2 399	−347	−12.65
	辽宁	4 375	4 255	−120	−2.73
东北地区合计		10 955	9 826	−1 129	−10.31

数据来源：《中国统计年鉴—2021》。

随着社会经济的发展，我国东部沿海城市依靠优越的地理位置率先得到快速发展，中部、西部等地区城市紧跟其后在国家政策推动下得到发展，但仍然存在着区域间经济发展的差距。在过去几十年区域间经济发展差距的推动下，我国人口分布上的区域差异化也在不断地加深。综合交通运输网路建设除了从地域覆盖率考虑，侧重线网设施的面密度，还应关注人口增长和衰减及人口结构变化带来的需求变化，以防地区出现交通运力过剩现象，运营与维护压力增大。利用交通运输网络里程与人口增长差异化指数公式，对我国大陆各省区市交通线网里程与人口规模变化进行对比，分析交通基础设施建设与人口发展的协调性，结果如表 5-4 所示。

表 5-4　2010—2020 年综合交通线网里程（面积）与人口增长差异化指数

区域	省份	综合交通线网里程与人口增长差异化指数			
		铁路	公路	城市道路里程	城市道路面积
东部地区	北京	1.731	0.471	2.360	4.132
	天津	7.676	1.580	0.768	1.003
	河北	16.377	8.691	2.266	2.006
	山东	13.407	4.120	1.118	1.485
	江苏	15.178	0.671	1.485	1.714
	上海	2.011	0.977	3.183	4.416
	浙江	4.160	0.624	1.387	1.397
	福建	6.225	1.655	2.888	2.770
	广东	3.760	0.798	0.475	1.146
	海南	2.971	5.409	3.964	1.845
中部地区	山西	−28.428	−4.112	2.807	4.606
	河南	9.174	1.804	2.795	3.386
	湖南	46.120	5.035	1.826	2.754
	湖北	183.897	136.978	2.030	2.457
	江西	57.303	38.866	1.968	2.157
	安徽	34.407	23.458	1.731	2.714

续表

区域	省份	综合交通线网里程与人口增长差异化指数			
		铁路	公路	城市道路里程	城市道路面积
西部地区	内蒙古	−20.881	−11.778	6.230	7.613
	广西	7.044	3.309	2.634	2.983
	重庆	6.113	4.856	2.155	2.648
	四川	12.265	11.906	2.152	2.218
	贵州	8.583	3.333	5.685	7.207
	云南	26.944	15.178	2.571	2.830
	西藏	2.191	4.338	1.549	2.026
	陕西	6.295	3.828	1.508	1.640
	甘肃	−47.101	−13.426	3.835	4.986
	青海	11.465	7.092	1.609	2.461
	宁夏	2.388	4.596	1.758	3.150
	新疆	4.590	1.988	6.006	7.003
东北地区	黑龙江	−0.996	−0.616	8.223	14.364
	吉林	−2.001	−1.522	2.043	3.213
	辽宁	−20.091	−10.582	7.487	8.048

注：城市道路里程、面积与人口增长差异化指数中的人口数据使用 2010、2020 年各地区城区人口数据计算。数据来源：《中国统计年鉴—2021》、《中国城乡建设统计年鉴—2021》、历年交通运输行业发展统计公报。

根据增长差异化指数计算公式，计算结果大于 1 表明交通线网里程（面积）增速快于人口增速，计算结果为 0 ~ 1，表明交通线网里程（面积）增速慢于人口增速，计算结果小于 0 表明交通线网里程变化与人口变化方向相反。分析表5-4 中数据可以得出，2010—2020 年我国大部分地区交通线网里程（面积）增速快于人口增速，少部分地区慢于人口增速，个别地区交通基础设施建设同人口发展变化方向相反。根据交通营业里程增长差异化指数分布，将交通营业里程相对人口增长定义为显著高于人口增速、高于人口增速、低于人口增速、与人口变化相反 4 个等级，如表 5-5 所示。

表 5-5　交通营业里程相对人口增长等级

等级	显著高于人口增速	高于人口增速	低于人口增速	与人口变化相反
差异化指数	大于10	1～10	0～1	小于0

（1）铁路

根据分级，我国大陆 31 个省区市 2010—2020 年铁路营业里程相对人口增长分布情况如图 5-21 所示。黑龙江、吉林、辽宁、内蒙古、山西、甘肃 6 个省区铁路营业里程增长差异化指数为负值，表明铁路营业里程变化与人口变化方向相反。2010—2020 年，黑龙江人口减少 662 万人，吉林人口减少 347 万人，辽宁人口减少 120 万人，内蒙古人口减少 69 万人，山西人口减少 84 万人，甘肃人口减少 59 万人。这些省份属人口净减少省份，铁路营业里程分别增加 996 千米、1 019 千米、2 348 千米、5 234 千米、2 499 千米、2 671 千米。需要注意的是，人口与经济密切相关，人口减少不可避免地会对经济增长带来冲击，导致经济发展迟滞、就业岗位减少、消费需求减少等一系列问题，进而导致人口交通需求减少，产生交通基础设施供给过剩、使用效率低、养护压力大等问题。

北京、天津、上海、浙江、福建、广东、广西、海南、贵州、重庆、河南、陕西、宁夏、新疆、西藏等 15 个省区市铁路营业里程增长差异化指数为 1～10，表明铁路营业里程增长速度快于人口增长速度。具体分析，这些地区中，部分地区 2010—2020 年人口快速增长，如北京、浙江、福建、广东、海南、重庆、西藏、宁夏、新疆等地人口增长速度均超过 10%，铁路基础设施建设快于人口增长并保持在适度超前的区间。

河北、山东、江苏、安徽、江西、湖北、湖南、青海、四川、云南等 10 个省区铁路营业里程增长差异化指数大于 10，表明铁路建设显著快于人口增长。这 10 个省区近 10 年来人口保持低速增长，特别是安徽、江西、湖北、湖南等 4 省人口增长在 0.3%～2.5%，而铁路营业里程则快速增长，增速远高于人口增速。铁路营业里程增长速度显著快于人口增长速度，在改善地区通达性、提升经济要素流动效率的同时，应警惕基础设施建设过快而人口增长乏力带来的运输能力低负荷、线网资源利用不足等负面影响。

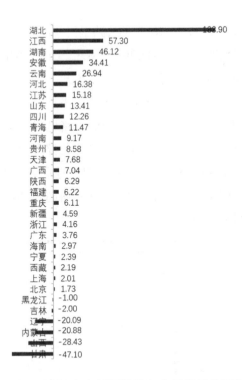

湖北	103.90
江西	57.30
湖南	46.12
安徽	34.41
云南	26.94
河北	16.38
江苏	15.18
山东	13.41
四川	12.26
青海	11.47
河南	9.17
贵州	8.58
天津	7.68
广西	7.04
陕西	6.29
福建	6.22
重庆	6.11
新疆	4.59
浙江	4.16
广东	3.76
海南	2.97
宁夏	2.39
西藏	2.19
上海	2.01
北京	1.73
黑龙江	-1.00
吉林	-2.00
辽宁	-20.09
内蒙古	-20.88
山西	-28.43
甘肃	-47.10

图 5-21　2010—2020 年各地区铁路与人口增长差异化指数分布

（2）公路

根据公路里程与人口增长的差异化分析（如图 5-22 所示），黑龙江、吉林、辽宁、山西、内蒙古、甘肃 6 个省区 2010—2020 年公路里程增长而人口减少。其中，黑龙江省公路里程增长差异化指数为 -0.616，表明公路建设增速小于人口减少速度，黑龙江省 2020 年公路里程已经达到 16.81 万千米，在东北地区中无论是线网总里程还是人均里程都居首位。10 年间黑龙江省人口减少了17.28%，流失严重，公路里程增速 10.64%，高于河南、山西、上海、湖南、北京、江苏。人口减少而公路里程增加的其余 5 个省区中，内蒙古、甘肃公路里程增速高于全国平均水平，其余 3 省区公路里程增速低于全国平均水平。

北京、江苏、上海、浙江、广东 5 个省市 2010—2020 年公路里程增速低于人口增速。不难发现，以上 5 个省市均位于东部地区，属近 10 年人口流入的主要区域。公路里程方面，以上 5 个省市中仅广东省公路里程超过了 20万千米，其余人均公路里程、公路里程增速均低于全国平均水平。

天津、河北、山东、福建、海南、河南、湖南、广西、重庆、贵州、西藏、陕西、青海、宁夏、新疆等 15 个省区市的公路里程增长差异化指数为 1～10，表明公路里程增速快于人口增速。15 个省区市中，河北、山东、河南、湖南、贵州、新疆等 6 个省区公路里程超过了 20 万千米，海南、重庆、贵州、西藏、陕西、青海、宁夏、新疆等 8 个省区市人均公路里程高于全国平均水平，西藏、海南、宁夏、重庆、青海、新疆、贵州、河北 8 个省区市的公路里程增速高于全国平均水平。

湖北、江西、安徽、四川、云南等 5 省的公路里程增长差异化指数高于 10，表明公路里程增长显著快于人口增长。以上地区人口在 2010—2020 年保持增长，但增速低于全国平均水平，公路总里程均超过 20 万千米，公路里程增速、人均公路里程也均高于全国水平。

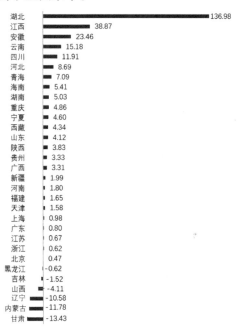

图 5-22 2010—2020 年各地区公路与人口增长差异化指数分布

交通基础设施通过改善交通通达性提高经济要素流动，改善居民生活质量，在一定范围内促进人口聚集，人口流动聚集与经济增长存在着相互促进作用，繁荣稳定的经济增长态势又可以为交通基础设施建设维护提供充足的资金。反之，人口流失将会对当地经济带来冲击，一味增加交通基础设施供给，不仅不能吸引人口聚集，反而会造成资源浪费，为后续基础设施养护带来巨大压力。总体来看，过去 10 年里，公路建设与人口聚集流动发生了时空错配现象，部分地区人口流失严重，但公路建设仍保持高速增长，而人口高速增长的部分地区公路基础设施建设仅仅保持低速增长，无法匹配高速增长的人口流动对交通运输服务的需求。此外，部分地区人口基数小，虽然人口增长迅速，但人口总量少，公路基础设施负荷很小，仅靠交通收入难以支撑庞大的基础设施建养投资，因此，对以区域面积为主要影响因素提升基础设施覆盖率的做法应保持审慎态度。

（3）城市道路

2010—2020 年我国各地区城区人口变化情况如表 5-6 所示。2010—2020 年，我国城市化进程加快，城区人口由 3.95 亿人增长到 5.38 亿人，增长了 36.20%。人口大量涌入城区对城市道路基础设施供给能力提出了更大要求。从城区人口变化量来看，广东城区人口增加了 1 936 万人，居全国首位，西藏增加了 55 万人，增量最少。从城区人口变化率来看，天津城区人口增加 90.88%，增速最快，黑龙江城区人口增加 4.36%，增速最慢。

表 5-6　2010—2020 年我国各地区城区人口变化情况

区域	省份	2010年城区人口/万人	2020年城区人口/万人	城区人口变化量/万人	城区人口变化率/%
东部地区	北京	1 686	1 916	231	13.67
	天津	615	1 174	559	90.88
	河北	1 535	1 950	415	27.02
	山东	2 727	3 989	1 262	46.28
	江苏	2 527	3 538	1 011	40.02
	上海	2 302	2 428	126	5.48
	浙江	1 819	2 833	1 014	55.77
	福建	999	1 389	391	39.11
	广东	4 402	6 337	1 936	43.97
	海南	228	352	124	54.18
东部地区合计		18 840	25 908	7 068	37.52
中部地区	山西	968	1 212	245	25.29
	河南	2 124	2 679	555	26.15
	湖南	1 233	1 757	524	42.46
	湖北	1 747	2 284	536	30.68
	江西	823	1 326	503	61.17
	安徽	1 245	1 782	538	43.19

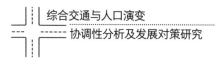

续表

区域	省份	2010年城区人口/万人	2020年城区人口/万人	城区人口变化量/万人	城区人口变化率/%
中部地区合计		8 140	11 041	2 901	35.64
西部地区	内蒙古	838	922	85	10.11
	广西	847	1 271	423	49.99
	重庆	1 060	1 610	551	51.95
	四川	1 583	2 808	1 225	77.35
	贵州	542	837	296	54.58
	云南	732	1 027	295	40.27
	西藏	45	100	55	122.78
	陕西	788	1 295	507	64.35
	甘肃	541	648	107	19.85
	青海	119	216	97	81.44
	宁夏	224	300	76	33.82
	新疆	631	784	153	24.31
西部地区合计		7 949	11 819	3 870	48.68
东北地区	黑龙江	1 357	1 416	59	4.36
	吉林	1 069	1 216	148	13.80
	辽宁	2 114	2 258	144	6.80
东北地区合计		4 540	4 890	350	7.72

数据来源：《中国城乡建设统计年鉴—2021》。

本研究分别对城市道路里程和城市道路面积相对城区人口增长情况进行测算。如图 5-23、图 5-24 所示，城市道路里程方面，我国绝大部分省份城市道路里程增速快于城区人口增长，只有天津和上海城市道路里程增速慢于城区人口。城市道路面积方面，所有省份城市道路面积增速均快于城区人口，其中，黑龙江城市道路面积增长差异化指数达 13.80%，表明城市道路面积增速显著快于城区人口。

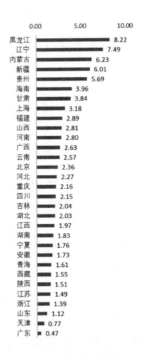

图 5-23　2010—2020 年各省区市城市道路里程相对城区人口增长差异化指数分布

图 5-24　2010—2020 年各省区市城市道路面积相对城区人口增长差异化指数分布

5.2.2 区域综合交通运输网络里程与人口变化情况

通过分析我国东部、中部、西部和东北地区人口总体规模和城区人口规模变化情况，研究综合交通运输网络布局与人口流动聚集的演变规律。

分析我国东部、中部、西部和东北地区人口总量变化情况，如图 5-25 所示，2010—2020 年，东部地区人口增量最大，达 5 771 万人，西部地区人口增加 2 237 万人，中部地区人口增加 749 万人，东北地区人口减少 1 129 万人。东部地区仍然是人口流入聚集的主要目标区域，人口增长率达 11.39%，东北地区人口流失情况严重，人口增长率为 –10.31%。从城区人口变化分析，四大区域 2010—2020 年城区人口均有所增加，东部地区新增城区人口 7 068 万人，增量几乎是中部、西部、东北地区城区人口增量之和，东北地区城区人口增量最少，仅为 350 万人。从 2020 年城区人口占总人口比例来看，东部、中部、西部、东北地区分别为 45.91%、30.29%、30.85% 和 49.77%。数据反映出东北地区虽然近 10 年来总人口减少，但城市化水平却高于其他 3 个区域。同东部地区、东北地区相比，中部地区、西部地区城市化进程增长仍有较大空间。

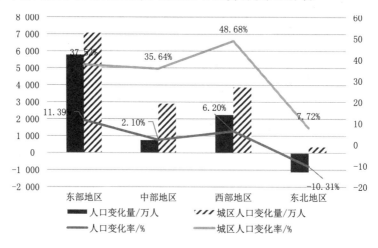

图 5-25　2010—2020 年我国四大区域总人口与城区人口变化情况

（数据来源：《中国统计年鉴—2021》）

2010—2020 年，四大区域人均铁路里程、人均公路里程和人均城市道路面积均实现增长，如表 5-7 所示。铁路方面，四大区域间人均里程差异较大。2020

年，东北地区人均铁路里程为 1.878 千米 / 万人，是东部地区的 3 倍、中部地区的 2 倍，东北地区、西部地区地广人稀，铁路基础设施人均密度高于东部和中部地区。公路方面，仍然表现为东北地区和西部地区人均里程高于东部和中部地区，2020 年，西部地区人均公路里程为 57.49 千米 / 万人，是东部地区的 2.7 倍。城市道路方面，四大区域人均城市道路面积基本均衡，西部地区人均城市道路面积略高，为 19.72 平方米 / 万人。值得注意的是，2010 年，东部地区人均城市道路面积高于其他地区，但到 2020 年，东部地区人均城市道路面积仅高于东北地区，反映出近 10 年来东部地区城市化进程加快，10 年间增加了 7 068 万人，城区人口增量是其他地区城区人口增量之和，城市道路基础设施建设压力较大。

表 5-7　四大区域人均综合交通运输里程（面积）变化

区域	人均铁路里程 /（千米·万人⁻¹）		人均公路里程 /（千米·万人⁻¹）		人均城市道路面积 /（平方米·万人⁻¹）	
	2010年	2020年	2010年	2020年	2010年	2020年
东部地区	0.40	0.620	19.64	21.20	14.37	17.30
中部地区	0.58	0.928	30.84	38.21	12.77	19.09
西部地区	1.00	1.543	43.48	57.49	12.10	19.72
东北地区	1.29	1.878	31.39	41.41	11.12	15.91

注：人均城市道路面积根据城区人口统计计算。数据来源：《中国统计年鉴—2021》《中国城乡建设统计年鉴—2021》。

5.2.3　重点战略区域交通网络规模与人口

在城市人口和城市数量增长的同时，城市在空间形态和结构上进入了新的发展阶段——城市群。城市群是由空间地理上相近、基础设施良好连接、经济社会互动频繁的大城市、中小城市和市郊地区有机组成的大型空间形态。目前国际上已形成一个明显的趋势——区域之间的竞争，已经由过去单纯的一个城市与一个城市的竞争，逐渐转向城市群与城市群之间的竞争。

近 10 年来，我国城镇化进程加速演进，2020 年，我国常住人口城镇化率达

63.89%，城市数量达 687 个，城市建成区面积达 6.1 万平方千米，我国城镇化发展进入了以城市群和都市圈为演进形态的新阶段，不论是人口流动聚集，还是经济产业增长，城市群及都市圈都将是主要载体。《国家综合立体交通网规划纲要》提出，依据国家区域发展战略和国土空间开发保护格局，结合未来交通运输发展和空间分布特点，将京津冀、长三角、粤港澳大湾区和成渝地区双城经济圈 4 个地区作为极，长江中游、山东半岛、海峡两岸、中原地区等 8 个地区作为组群，呼包鄂榆、黔中、滇中等 9 个地区作为组团，构建"6 廊 7 轴 8 通道"的国家综合立体交通网主骨架。本研究通过分析我国京津冀、长三角、珠三角与成渝地区城市群的人口规模情况，研究综合交通网络布局与人口流动聚集的演变规律。

表 5-9 为京津冀、长三角、珠三角和成渝四大主要城市群的人口变化情况。在 2010—2020 年的 10 年间，我国四大主要城市群人口均呈现正增长趋势。珠三角城市群人口增长率高达 39.02%，是四大城市群中增长最快的城市群，但该城市群人口基数最小，人口普查数据显示珠三角城市群 2020 年人口数为 7 801.4 万人。位于北方的京津冀城市群近 10 年来的人口增长率最低，仅为 2.68%。东南沿海地区人口增长率大，内陆地区及北部地区人口增长率较低。

表 5-9　四大主要城市群人口变化情况

主要 城市群	2010年人口 /万人	2020年人口 /万人	人口变化量 /万人	人口变化率 /%
京津冀城市群	10 449	11 747	307	2.68
长三角城市群	14 349	16 508	2 159	15.05
粤港澳大湾区	5 611.8	7 801.4	2 189.6	39.02
成渝地区双城经济圈	9 905	10 275	370	3.74

数据来源：《中国人口和就业统计年鉴—2021》《中国城市统计年鉴—2021》《中国城市统计年鉴—2011》。

（1）京津冀地区

京津冀地处京畿重地，区位优势得天独厚，政治文化地位突出，科研力量、产业实力雄厚。京津冀协同发展，是党中央、国务院在新的历史条件下，深刻分析我国发展面临的形势，从深入实施国家区域发展总体战略、全面建成小康社会、实现中华民族伟大复兴的中国梦出发作出的重大国家战略部署，具有宝贵的现实意义和深远的历史意义。

表 5-10 为 2010—2020 年京津冀城市群 13 市人口变化情况。2010—2020 年的 10 年间，京津冀地区人口数量从 2010 年的 10 440 万人增加至 2020 年的 11 037 万人，10 年间增加 596 万人，人口增长率为 5.71%。京津冀城市群各市人口变化情况如表 5-10 所示。值得注意的是，京津冀城市群人口分布呈明显不均衡现象，人口主要集中在北京、天津、石家庄、保定这 4 个规模相对较大的城市。

表 5-10 2010—2020 年京津冀城市群 13 市人口变化

京津冀城市群	2010年人口 /万人	2020年人口 /万人	人口变化量 /万人	人口变化率 /%
北京	1 961.24	2 189.31	228.069 5	11.63
天津	1 293.82	1 386.60	92.778 5	7.17
石家庄	1 016.38	1 123.51	107.129 8	10.54
唐山	757.73	771.80	14.069 9	1.86
秦皇岛	298.76	313.69	14.927 4	5.00
邯郸	917.47	941.40	23.931 1	2.61
邢台	710.41	711.11	0.699 2	0.10
保定	1 119.44	1 154.40	34.965 7	3.12
张家口	434.55	411.89	−22.658 3	−5.21
承德	347.32	335.44	−11.875 3	−3.42
沧州	713.41	730.08	16.673 0	2.34
廊坊	435.88	546.41	110.524 8	25.36
衡水	434.08	421.29	−12.784 0	−2.95
合计	10 440.48	11 036.93	1 298	5.71

数据来源：第六、七次人口普查数据。

　　根据交通运输网络里程与人口增长差异化指数公式，对京津冀城市群交通线网里程与人口规模变化进行对比，分析交通基础设施建设与人口发展的协调性，结果如表 5-11 所示。2010—2020 年，京津冀地区基本形成以"四纵四横一环"运输通道为主框架，多节点、网格状的京津冀区域交通新格局。铁路里程、公路里程、城市轨道交通里程分别增加了 2 965.4 千米、53 122 千米、688.7 千米，增长率分别为 39.20%、27.92%、168.67%。

表 5-11　京津冀地区交通网络指标变化

指标	铁路		公路		城市道路面积		城市轨道交通里程	
	总里程/千米	人均里程/(千米·万人⁻¹)	总里程/千米	人均里程/(千米·万人⁻¹)	总面积/万平方米	人均面积/(平方米·人⁻¹)	总里程/千米	人均里程/(千米·万人⁻¹)
2010年	7 565.60	0.72	190 290	18.23	37 725	3.61	408.30	0.04
2020年	10 531	0.95	243 412	22.05	69 238.40	6.27	1 097	0.10
增长率/%	39.20	31.67	27.92	21.00	83.53	73.81	168.67	154.44
增长差异化指数	6.86		4.89		14.62		29.53	

数据来源：《中国统计年鉴—2011》、《中国统计年鉴—2021》、京津冀各市统计年鉴。

　　铁路方面，京津冀城市群的铁路营业里程与人口增长的差异化指数为 6.86，表明铁路建设高于人口增长速度。分析原因，一方面，京津冀协同发展战略自 2014 年实施以来，建设"轨道上的京津冀"成为京津冀交通一体化发展的重点方向。近 10 年来，京津冀地区相继建成开通京张高铁、京哈高铁北京至承德段，石济客专，与既有京沪、京港澳（京广）、石太客专，形成了京津冀对外连接东北、西北、华东、华中、华南、港澳地区的高铁通道主骨架。陆续建成开通津秦高铁、津保铁路、京雄城际，有效连通了北京、天津、雄安、唐山、秦皇岛、石家庄等地区。依托京张高铁建设延庆线、崇礼铁路，京张高铁在成为北京与西北地区连接主通道的同时，实现了北京、延庆、张家口三个冬奥赛区的快速连通；依托京津城际建设天津至于家堡（现滨海站）延伸线，实现天津中心城区与滨海新城的高速连接。京津冀区域"五纵两横"高速铁路通道主骨架正在逐步成形，相邻城市间基本实现铁路 1.5 小时通达，京雄津保"1 小时交通圈"已经形成。另一方面，近 10 年来，京津冀城市群总体人口增长率为 5.71%，张家口、承德、邢台、衡水人口出现负增长，而铁路营业里程增长率为 39.20%，铁路营业里程快速增长，增速高于人口增速。

公路方面，2010—2020 年京津冀地区公路网络里程较人口增长差异化指数为 4.89，表明公路线网里程增速高于人口增速。2020 年，京津冀地区公路总里程超过 24 万千米，较 2010 年增加超过 5 万千米，高速公路总里程达 10 307 千米，环京津地区的高等级公路基本实现了全覆盖。京台、京昆、京礼、津石、大兴国际机场高速等一大批高速公路建成通车，首都环线高速通州大兴段贯通，京秦、承平等高速加快推进。公路里程快速增加成为贯通京津冀三地，促进各城市间经济发展和人才交流的桥梁和媒介。

城市交通方面，2010—2020 年京津冀地区城市道路面积由 37 725 万平方米增长到 69 238 万平方米，增长近 1 倍，与人口增长差异化指数为 14.62；城市轨道交通运营里程由 2010 年的 408.3 千米增加至 2020 年的 1 097 千米，里程增长率高达 168.67%。在《京津冀协同发展规划纲要》《京津冀协同发展交通一体化规划》《推动京津冀协同发展 2018—2020 年行动计划》等一系列政策推动下，京津冀城市轨道交通运营线路长度稳步提升。截至 2020 年，京津冀地区有北京、天津、石家庄 3 个城市开通运营了城市轨道交通，运营里程分别为 799.1 千米、238.8 千米、59.0 千米。

近 10 年来，京津冀城市群的交通线网里程与人口增长差异化指数表明，京津冀城市群的铁路、公路交通建设适度超前于人口增长，有效地改善了地区通达性，提升了经济要素流动效率。城市交通线网里程与人口增长差异化指数大于 10，表明城市交通建设速度显著高于人口增速，城市交通服务能力有较大幅度提升。

（2）长三角地区

2018 年 11 月 5 日，习近平总书记在首届中国国际进口博览会上宣布，支持长江三角洲区域一体化发展并上升为国家战略，着力落实新发展理念，构建现代化经济体系，推进更高起点的深化改革和更高层次的对外开放，同"一带一路"建设、京津冀协同发展、长江经济带发展、粤港澳大湾区建设相互配合，完善中国改革开放空间布局。长三角一体化上升为国家战略，"交通一体化"成为长三角一体化的重要发展引擎，为区域经济的协同发展发挥重要作用。

长三角地区人口变化情况如表 5-12 所示，2010—2020 年，长三角地区人口由 21 560.65 万人增至 23 521.37 万人，增加了 1 960.72 万人，增长了 9.09%。长三角城市群众人口变化情况如表 5-13 所示，长三角城市群人口由 14 605.44 万增至 17 465.85 万，人口增加 2 860.41 万人，增长了 19.58%。由此可见，长三角城市群人口增量要高于地区整体人口增量，长三角城市群对区域外人口存在较强的吸引力，进一步印证了人口向城市群聚集的发展进程。

表 5-12　长三角地区人口变化情况

省市	2010年人口 /万人	2020年人口 /万人	人口变化量 /万人	人口变化率 /%
上海	2 301.91	2 487.09	185.17	8.04
江苏	7 865.99	8 474.80	608.81	7.74
浙江	5 442.69	6 456.76	1 014.07	18.63
安徽	5 950.05	6 102.72	152.67	2.57
合计	21 560.65	23 521.37	1 960.72	9.09

2019 年，中共中央、国务院印发的《长江三角洲区域一体化发展规划纲要》中，明确长三角地区包括上海市、江苏省、浙江省、安徽省全域，面积 35.8 万平方千米。其中，以上海，江苏南京、无锡、常州、苏州、南通、扬州、镇江、盐城、泰州，浙江杭州、宁波、温州、湖州、嘉兴、绍兴、金华、舟山、台州，安徽合肥、芜湖、马鞍山、铜陵、安庆、滁州、池州、宣城 27 个城市为中心区（面积 22.5 万平方千米），也就是长三角城市群的组成范围，以长三角城市群辐射带动长三角地区高质量发展。目前，长三角城市群是我国最大的城市群，也是全球六大城市群之一；是全国经济发展最活跃、城镇化水平最高的地区，也是中国外来迁移人口最大的聚集地。该区域人口密度大、城镇化水平高、劳动年龄人口居多、受教育程度普遍较高；但老龄化程度也高，进程也快。

表 5-13　长三角城市群人口变化情况

城市	2010年人口 /万人	2020年人口 /万人	人口变化量 /万人	人口变化率 /%
上海	2 301.92	2 487.09	185.17	8.04
南京	800.47	931.47	131.00	16.37
无锡	637.26	746.21	108.95	17.10

续表

城市	2010年人口 /万人	2020年人口 /万人	人口变化量 /万人	人口变化率 /%
常州	459.20	527.81	68.61	14.94
苏州	1 046.60	1 274.83	228.23	21.81
南通	728.28	772.66	44.38	6.09
盐城	726.02	670.96	−55.06	−7.58
扬州	445.98	455.98	10.00	2.24
镇江	311.34	321.04	9.70	3.12
泰州	461.86	451.28	−10.58	−2.29
杭州	689.12	1 193.60	504.48	73.21
宁波	574.08	940.43	366.35	63.81
嘉兴	341.60	540.09	198.49	58.11
湖州	259.98	336.76	76.78	29.53
绍兴	438.91	527.10	88.19	20.09
金华	466.65	705.07	238.42	51.09
舟山	96.77	115.78	19.01	19.65
台州	583.14	662.29	79.15	13.57
温州	912.21	957.29	45.08	4.94
合肥	570.25	936.99	366.74	64.31
芜湖	226.31	364.44	138.13	61.04
马鞍山	136.63	215.99	79.36	58.08
铜陵	72.40	131.17	58.77	81.17
安庆	531.14	416.53	−114.61	−21.58
滁州	393.79	398.71	4.92	1.25
池州	140.25	134.28	−5.97	−4.26
宣城	253.29	250.01	−3.28	−1.29
合计	14 605.44	17 465.85	2 860.41	19.58

数据来源：上海市、江苏省、浙江省、安徽省统计年鉴。

近 10 年来，长三角地区综合交通网络进一步完善，运输服务水平显著提升，一体联通的综合交通网络初步成型，形成了以高铁、高速公路和长江黄金水道为主的多项联通对外运输大通道和城际综合交通网络。

目前长三角地区高铁里程已超 6 500 千米，覆盖三省一市 95% 的省区市；高速公路网规模达到 1.6 万千米，实现陆域县县通。

根据交通运输网络里程与人口增长差异化指数公式，对长三角地区交通线网里程与人口规模变化进行对比，分析交通基础设施建设与人口发展的协调性，结果如表 5-14 所示。2010—2020 年，长三角地区铁路营业里程、公路里程、城市轨道交通里程分别增加了 5 966.9 千米、108 741 千米、2 133.804 千米，增长率分别为 85.63%、25.78%、1 266.08%。

表 5-14　长三角地区交通网络指标变化

指标	铁路		公路		城市道路面积		城市轨道交通里程	
	总里程/千米	人均里程/(千米·万人$^{-1}$)	总里程/千米	人均里程/(千米·万人$^{-1}$)	总面积/万平方米	人均面积/(平方米·人$^{-1}$)	总里程/千米	人均里程/(千米·万人$^{-1}$)
2010年	6 968.1	0.32	421 840	19.57	129 638	6.01	168.536	0.01
2020年	12 935	0.55	530 581	22.56	218 916	9.31	2 302.34	0.10
增长率（%）	85.63	70.16	25.78	15.28	68.87	54.83	1 266.08	1 152.56
增长差异化指数	9.42		2.83		7.57		139.22	

数据来源：《中国统计年鉴—2011》、《中国统计年鉴—2021》、长三角各省统计年鉴。

根据铁路里程与人口增长差异化指数 9.42，可以看出长三角地区的铁路营业里程增长速度高于人口增长速度。分析原因，一方面，长三角地区交通一体化协同发展受到三省一市高度重视，并在中央推动、长三角一体化领导小组领导下，设立交通等 13 个专题工作组，形成了上下联动、左右协同的工作格局，积极推动跨区域交通互联互通和重大合作事项，加速了交通一体化协同发展体制机制建立，自 2018 年以来，签署交通合作协议、备忘录等十余项，建立了跨区域交通等基础设施加快落地协同会商机制。在长三角地区轨道建设上不断提速，沪苏通铁路一期、商合杭高铁、连淮扬镇铁路、盐通铁路、沪苏通长江公铁大桥等建成通车，其中南京至上海、杭州、合肥基本实现高频次 1 小时快速通达。另一方面，从 2010—2020 年铁路营业里程与人口增长速度对比来看，长三角城市群总体人口增长率为 19.58%，其中盐城、泰州、安庆、池州、宣城五个城市均呈人口负增长现象，铁路营业里程增长率为 85.63%，可见铁路营业里程增速远高于人口增速。

根据公路里程增长与人口差异化指数 2.83，可以看出长三角地区的公路里程增长速度略高于人口增长速度。虽增长速度与铁路及城市轨道交通相较增长缓慢，但 2020 年长三角地区公路总里程已超过 53 万千米，与 2010 年公路总里程相比，增加了近 11 万千米，在加强交通基础设施一体互联方面，长三角地区加快落实了《长三角地区打通省际断头路合作框架协议》，促进了省际公路互联互通水平的不断提升。在高速公路方面，宜兴至长兴高速公路江苏段、千黄高速建成通车。普通公路方面，城北路–岳鹿路、东航路–康力大道、复兴路–曙光路、叶欣公路–姚杨公路、铜城至冶山、姚杨公路、兴豪路等省际断头路建成通车，使得整个长三角地区的公路网络更加完善。

根据城市交通方面数据，2010—2020 年，长三角地区城市道路总面积由129 638 万平方米增长到 218 916 万平方米，总面积增长率超过 68%，与人口增长差异化指数为 7.57。城市轨道交通与人口增长差异化指数为 139.22，表明长三角城市群的城市轨道交通总里程增长速度显著高于人口增长速度。长三角地区的公路和铁路已经趋于饱和，沪宁、沪杭铁路的利用率已达 100%，因此，近年来长三角城市群城市轨道交通得以快速发展，城市轨道交通里程从 2010 年的168.536 千米增长到 2020 年的 2 302.34 千米，增长率高达 1 266.08%，不仅缓解了长三角城市群交通运输紧张的状况，同时进一步加强了区域联系，实现立体化的城市互联互通，提高城市群竞争力。

（3）粤港澳大湾区

粤港澳大湾区包括香港、澳门和广东省珠三角的广州、深圳、珠海、佛山、惠州、东莞、中山、江门、肇庆 9 市，总面积 5.6 万平方千米，是中国经济活力最强、开放程度最高、国际化水平领先的区域之一，在国家发展大局中具有重要战略地位。推进粤港澳大湾区建设，是以习近平同志为核心的党中央作出的重大决策，是习近平总书记亲自谋划、亲自部署、亲自推动的国家战略，是新时代推动形成全面开放新格局的新举措，也是推动"一国两制"事业发展的新实践。推进建设粤港澳大湾区，有利于丰富"一国两制"实践内涵，深化内地和港澳交流合作，对港澳参与国家发展战略，提升竞争力，保持长期繁荣稳定具有重要意义。

本研究以粤港澳大湾区中的珠三角地区为例分析其人口变化情况。如表

5-15 所示，2010 年到 2020 年的 10 年间，珠三角地区人口增长率为 39.30%。珠三角地区位于东南沿海，是近年来人口流入的主要区域。第七次人口普查数据显示，在人口净流入前五名的城市中，有 3 个来自珠三角地区，分别是深圳、东莞和广州。此外，珠江西岸的佛山净流入人口也超过了 350 万人，位居全国第七。截至 2020 年，珠三角地区每平方千米国土面积承载的人口和经济总量是长三角和京津冀的 2～3 倍，人口密度大、增长速度快。

表 5-15　2010—2020 珠三角地区 9 市人口变化

城市	2010年人口 /万人	2020年人口 /万人	人口变化量 /万人	人口变化率 /%
广州	1 270.96	1 874.03	603.07	47.45%
深圳	1 037.20	1 763.38	726.18	70.01%
珠海	156.16	244.96	88.80	56.86%
佛山	719.91	951.9	231.99	32.22%
东莞	822.48	1 048.36	225.88	27.46%
中山	312.27	443.11	130.84	41.90%
江门	445.08	480.41	35.33	7.94%
肇庆	392.22	411.69	19.47	4.96%
惠州	460.11	605.72	145.61	31.65%
合计	5 616.39	7 823.56	2 207.17	39.30%

数据来源：各市 2011、2021 年统计年鉴。

2019 年 2 月 18 日，中共中央、国务院印发《粤港澳大湾区发展规划纲要》，自其发布以来，广东省对标世界主要湾区，通过基础设施"硬联通"加速湾区发展"软联通"，加快提升粤港澳大湾区交通供给质量，加快推进安全、便捷、高效、绿色、经济的综合交通体系形成，持续提升珠江东西两岸高质量协同发展水平，三地往来更加快捷，大湾区"一小时生活圈"基本形成，已取得阶段性成效。

根据交通运输网络里程与人口增长差异化指数公式，对珠三角地区交通线网里程与人口规模变化进行对比，分析交通基础设施建设与人口发展的协调性，结果如表 5-16 所示。

表 5-16　珠三角地区交通网络指标变化

指标	铁路		公路		城市道路面积		城市轨道交通里程	
	总里程/千米	人均里程/（千米·万人⁻¹）	总里程/千米	人均里程/（千米·万人⁻¹）	总面积/万平方米	人均面积/（平方米·人⁻¹）	总里程/千米	人均里程/（千米·万人⁻¹）
2010年	640	0.11	55 627.6	9.90	30 816	6.45	321.5	0.07
2020年	2 500	0.32	62 196.3	7.95	50 318	7.45	991.1	0.15
变化率/%	290.63	180.42	11.81	-19.73	45.40	15.54	208.27	118.14
增长差异化指数	7.40		0.30		1.61		5.30	

数据来源：广州市统计年鉴（2011年、2021年）、珠三角各市统计年鉴（2011年、2021年）、《中国城市建设统计年鉴—2021》。

至 2020 年底，粤港澳大湾区核心区高速公路密度达到每百平方千米 8.7 千米，媲美纽约、东京等世界主要湾区；高铁里程超过 1 200 千米，在湾区内任何一个城市，群众都可以选择城市轨道交通出行。

铁路方面，根据表中数据可以看出，珠三角地区铁路里程由 2010 年的 640 千米增长到 2020 年的 2 500 千米，增长了 1 860 千米，变化率为 290.63%，铁路里程与人口增长差异化指数为 7.40，表明铁路建设速度快于人口增长速度。珠三角铁路系统以广州、深圳、珠海为中心，广深、广珠线路为主轴进行建设，向整个珠三角经济区辐射。铁路网络的伸展与完善，对于加强珠三角地区之间，以及与港澳特区的交流合作，进一步提升香港、澳门特别行政区的国际竞争力具有十分重要的意义。

公路方面，数据显示，珠三角地区的公路里程从 2010 年的 55 627.6 千米增长到 2020 年的 62 196.3 千米，增长了 6 568.7 千米，变化率为 11.81%，公路里程与人口增长差异化指数为 0.30，表明珠三角地区的公路基础设施建设速度小于人口增长速度，分析其原因，珠三角地区位于东南沿海，是我国近几年主要的人口流入区域，人口增长速度快，珠三角地区的高速公路网、普通公路网已经十分密集，公路建设速度有所放缓。

城市轨道交通方面，珠三角地区作为我国改革开放的重点区域，城市间的互联互通过去主要靠公路和铁路进行，随着珠三角地区打造世界城市群的需求的发展，城市间的互联互通水平需要进一步提升，必须加快构建以轨道交通为主体的新兴交通网络体系，因此珠三角地区的城市轨道交通取得了快速发展，从城市轨道交通里程增长数据来看，轨道交通从 2010 年的 321.5 千米增长到 2020 年的 991.1 千米，增长了 669.6 千米，增长率为 208.27%，其中深圳和广州轨道交通发展速度较快，里程增长量均在 300 千米左右，占据了珠三角地区群中轨道增长量的 95% 以上。从差异化指数来看，城市轨道交通里程与人口增长的差异化指数为 5.30，表明城市轨道交通发展领先于人口增长速度，起到加强城市间的人口流动的作用。

（4）成渝地区

成渝地区位于长江上游，地处四川盆地，东邻湘鄂、西通青藏、南连云贵、北接陕甘，是我国西部地区发展水平最高、发展潜力较大的城镇化区域，是实施长江经济带和"一带一路"建设的重要组成部分。成渝地区双城经济圈建设是国家重大区域发展战略，成渝地区双城经济圈建设，有利于形成优势互补、高质量发展的区域经济布局，有利于拓展市场空间、优化和稳定产业链供应链，是构建以国内大循环为主体、国内国际双循环相互促进的新发展格局的一项重大举措。成渝地区双城经济圈发展驶入快车道，交通一体化建设加快推进。

2021 年，中共中央、国务院印发《成渝地区双城经济圈建设规划纲要》，明确成渝地区双城经济圈包括重庆市的中心城区及万州、涪陵、綦江、大足、黔江、长寿、江津、合川、永川、南川、璧山、铜梁、潼南、荣昌、梁平、丰都、垫江、忠县等 27 个区（县）以及开州、云阳的部分地区，四川省的成都、自贡、泸州、德阳、绵阳（除平武县、北川县）、遂宁、内江、乐山、南充、眉山、宜宾、广安、达州（除万源市）、雅安（除天全县、宝兴县）、资阳等 15 个市，总面积 18.5 万平方千米。鉴于统计数据的可得性和代表性，本书采用重庆市和四川省 15 个城市的统计数据近似代替成渝地区双城经济圈的统计数据，如表 5-17、表 5-18 所示。

表 5-17　成渝地区双城经济圈人口变化情况

城市	2010年人口/万人	2020年人口/万人	人口变化量/万人	人口变化率/%
重庆	2 884.62	3 028.93	144.31	5.00
成都	1 405.5	2 094.7	689.2	49.04

续表

城市	2010年人口/万人	2020年人口/万人	人口变化量/万人	人口变化率/%
自贡	268	249	−19	−7.09
泸州	422	425.6	3.6	0.85
德阳	361.7	345.7	−16	−4.42
绵阳	461.7	487.1	25.4	5.50
遂宁	325.4	281.5	−43.9	−13.49
内江	370.4	314.2	−56.2	−15.17
乐山	323.7	316.1	−7.6	−2.35
南充	628.1	561.0	−67.1	−10.68
眉山	295.2	295.6	0.4	0.14
宜宾	447.4	459.1	11.7	2.62
广安	320.6	325.6	5	1.56
达州	547.0	538.7	−8.3	−1.52
雅安	150.8	143.6	−7.2	−4.77
资阳	366.5	231.0	−135.5	−36.97
合计	9 578.62	10 097.43	518.81	5.42

数据来源：各市 2011、2021 年统计年鉴。

成渝城市群是我国西部人口数量最为密集的地区，以重庆、成都为中心引领成渝城市群发展，是西部大开发的重要平台，也是长江经济带的重要战略支撑。曾经成都、重庆长期是人口流出地，但是随着两地加速制造业发展、承接沿海产业，川渝城市群人口流失局势好转，人口从 2010 年的 9 578.62 万人增加到 2020 年的 10 097.43 万人，10 年间，人口增加了 518.81 万人，增长率为 5.42%。表 5-18 数据显示，铁路、公路、城市轨道交通里程分别增加了 2 430.6 千米、154 646 千米、860.42 千米，增长率分别为 54.03%、53.37%、1 472.82%。

表 5-18　成渝地区交通网络指标变化

指标	铁路		公路		城市道路面积		城市轨道交通里程	
	总里程/千米	人均里程/(千米·万人⁻¹)	总里程/千米	人均里程/(千米·万人⁻¹)	总面积/万平方米	人均面积/(平方米·人⁻¹)	总里程/千米	人均里程/(千米·万人⁻¹)
2010年	5 396	0.56	289 753	30.25	23 988	2.60	58.42	0.01
2020年	7 394	0.73	444 399	44.01	64 617	6.43	918.84	0.09
变化率/%	37.03	29.99	53.37	45.49	169.37	146.92	1 472.82	1 341.71
增长差异化指数	6.84		9.85		31.27		271.92	

数据来源：各市 2011、2021 年统计年鉴，各市交通运输局，铁路数据总里程采用重庆市与四川省数据。

　　铁路方面，四川省与重庆市的铁路线网里程与人口增长差异化指数为 6.84，表明铁路发展速度高于人口增长速度。四川作为劳务输出大省，人口外流特征显著，除成都具有较强的人口吸附力以外，其他地级市基本处于人口流出状态，而近 10 年来，四川省与重庆市的铁路营业里程增长近 40%，远超其人口增长速度，这是铁路发展速度高于人口增长速度的原因之一。此外，处于四川省成都市和重庆市及之间的成渝地区是我国西部地区发展水平最高、发展潜力较大的城镇化区域，也是实施长江经济带和"一带一路"建设的重要组成部分。自"一带一路"倡议实施以来，成渝城市群交通一体化建设加快推进。2015 年成渝客专开通运营，成为第三条连接成渝城市群的铁路交通走廊，同时也是《中长期铁路网规划（2016 版）》中"八纵八横"高速铁路主通道之一"沿江通道"的重要组成部分。其东端与渝黔、渝万普速铁路相连，西端与西成、绵成乐客专贯通，成渝城市群高铁的开通大大压缩了成都、重庆之间及与沿线区市之间的时空距离。

　　公路方面，2010—2020 年，成渝城市群公路网络里程与人口增长差异化指数为 9.85，数据表明人口增速低于公路线网里程增速。目前，川渝间已建成高速公路 12 条，高速公路网路主干已初步建成，成渝高速、遂渝高速、泸渝高速等多条高速干道逐渐扩容完善，成都经天府国际机场至潼南、渝广支线等高速公路加快建设，成渝地区双城经济圈相邻城市"一小时"交通圈基本建成。公路里程快速增加，推动实现基础设施、运输服务、治理体系 3 个一体化，为国家"一带一路"建设、长江经济带的发展战略提供强力支撑。

城市交通方面，从城市道路面积和城市轨道交通两方面数据可以看出，2010—2020 年，成渝城市群城市交通发展显著。与 2010 年相比，2020 年成渝城市道路面积增加了 40 629 万平方米，增长率高达 169.92%，与人口增长差异化指数为 27.13，城市道路面积增长率均较高，大多数城市都超过了 100%，其中宜宾市甚至增长了 5 倍多；同时 2020 年成渝城市群城市轨道交通里程比 2010 年增长了近 16 倍，城市轨道交通与人口增长差异化指数达 271.92。作为直辖市之一的重庆市，城市轨道交通发展较早，2010 年城市轨道交通运营里程 17.42 千米，2020 年城市轨道交通运营里程 343.3 千米，增幅较大。川内地区只有成都开通运营了城市轨道交通，截至 2020 年，运营里程为 557.84 千米。

6 综合交通运输结构与人口演变协调性

6.1 综合交通客运结构

6.1.1 客运量与人口规模

分析 2010—2020 年我国旅客运输规模变化情况发现，自 2010 年以来，全国旅客运输呈下滑趋势，如表 6-1 所示。2010 年，全国客运量为 134 091 万人，旅客周转量达到 27 894.3 亿人千米，到 2020 年，全国客运量下降为 966 540 万人（其中新冠疫情对人口流动限制巨大），旅客周转量下降为 19 251.5 亿人千米。排除新冠疫情影响，2019 年全国客运量下降到 1 760 346 万人，旅客周转量上升到 35 349.2 亿人千米，增长幅度分别为 –46.16% 和 26.73%。

表 6-1　2010—2020 年我国客运量及旅客周转量情况表

年份	人口规模 /万人	客运量 /万人	旅客周转量 /亿人千米	人口 增长/%	客运量 增长/%	旅客周转量 增长/%
2010	134 091	3 269 508	27 894.3	—	—	—
2011	134 916	3 526 319	30 984.0	0.62	7.85	11.08
2012	135 922	3 804 035	33 383.1	0.75	7.88	7.74
2013	136 726	2 122 992	27 571.7	0.59	–44.19	–17.41
2014	137 646	2 032 218	28 647.1	0.67	–4.28	3.90
2015	138 326	1 943 271	30 058.9	0.49	–4.38	4.93
2016	139 232	1 900 194	31 258.5	0.65	–2.22	3.99
2017	140 011	1 848 620	32 812.8	0.56	–2.71	4.97
2018	140 541	1 793 820	34 218.2	0.38	–2.96	4.28
2019	141 008	1 760 436	35 349.2	0.33	–1.86	3.31
2020	141 212	966 540	19 251.5	0.14	–45.10	–45.54

　　2010—2020 年，我国人口规模呈增长趋势。同时，根据最近几次人口普查数据和 1% 人口抽样调查数据可知，我国流动人口规模一直呈持续增大趋势，且其占全国总人口比重也不断上升。2010 年全国流动人口为 22 143 万人，占全国总人口的 17.89%；2020 年进一步增至 37 582 万人，占全国总人口的 26.62%，流动人口较 2010 年增长 69.79%。而与人口规模特别是流动人口规模增加趋势相反的是，2010—2020 年，我国客运量规模呈现先增后降的特点，如图 6-1、6-2 所示。2012 年，我国客运量达到近 10 年来的最高峰 3 804 035 万人，到 2013 年，我国客运量发生了断崖式下跌，为 2 122 992 万人（公路客运统计口径发生改变，2008 年，公路客运统计包括营业性客车、公路里程站总行程一半以上的公交车和出租客车；2013 年，公路客运统计仅含营业性客车，不包括公交车和出租客车）。2013—2019 年，我国客运量呈缓慢逐年下降趋势，年均降幅为 3.07%。从客运量统计数据来看，虽然我国流动人口规模增加，但经由营业性交通运输工具出行的人口规模呈缓慢下降趋势。通过前文的人口流动特征分析，我国人口流动呈现多点集聚化和范围就近化的结构性转变，即从原来的向北京、上海、广州等特大城市的单点集中式流动转变为向经济发达地区的多点集聚式流动，从跨省流动转为省内流动，流动需求从外出务工占绝对比重向务工、商务、旅游、探亲等多元出行需求转变。

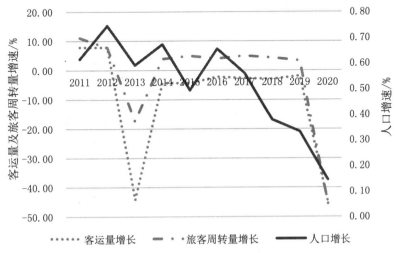

图 6-1　2011—2020 年我国客运量及旅客周转量与人口规模变化图

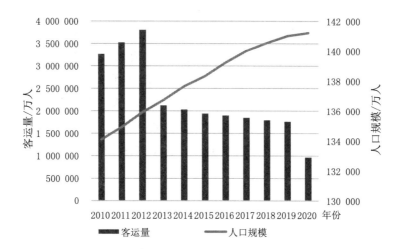

图 6-2　2010—2020 年全国客运量变化与人口规模变化对比情况

同时，近 10 年来，我国机动车保有量急剧攀升，2010 年，我国民用汽车保有量为 7 801.83 万辆，到 2020 年，这个数字上升到 2.81 亿辆，增长 2.6 倍。人均方面，2010 年，我国人均民用汽车保有量为 0.058 辆，到 2020 年，人均民用汽车保有量达到 0.199 辆，增长 2.43 倍，如图 6-3、6-4 所示。驾乘私家车出行的比例也急速上升，一定程度上分割了中短途出行公共交通车辆市场份额。

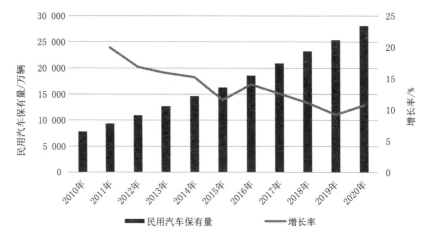

图 6-3　2010—2020 年我国民用汽车保有量及变化情况

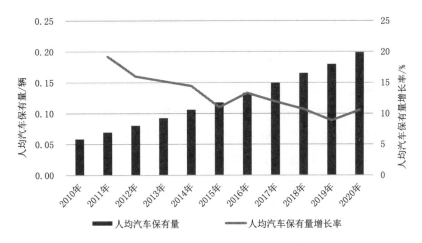

图 6-4　2010—2020 年我国人均民用汽车保有量及变化情况

　　旅客周转量方面，2010—2012 年、2013—2019 年前后 2 个统计时间段内，我国旅客周转量都呈上升趋势，如图 6-5 所示。在客运量下行的背景下，旅客周转量的增加，表明我国人口流动区域范围进一步扩大，交通基础设施的逐步完善，特别是高铁成网、航空航线加密，城乡居民出行可达性大幅提升。

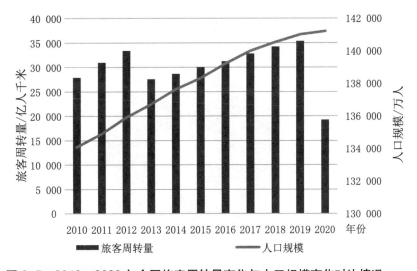

图 6-5　2010—2020 年全国旅客周转量变化与人口规模变化对比情况

6.1.2 客运结构与人口流动

近 10 年来，我国客运结构发生了深刻变化。如图 6-6、6-7 所示，2010年，我国旅客运输总量中公路客运量占绝大多数，达到 93%，铁路客运量占比仅为 5%，水路、民航客运量各占不到 1%。到 2019 年（排除疫情影响），在客运结构中，公路客运量占比下降为 74%，铁路客运量占比上升到 21%，民航客运量也上升到 4%，水路客运量占比略微上升。

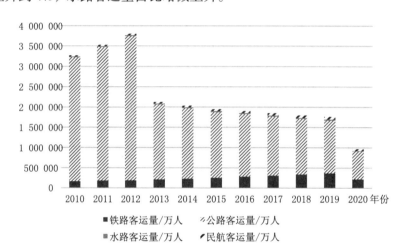

图 6-6　2010—2020 年我国各运输方式客运量变化情况图

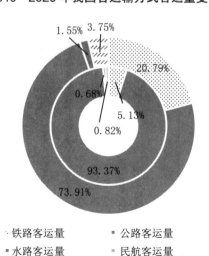

图 6-7　2010、2019 年我国旅客运输结构对比图

旅客周转量方面，如图 6-8、图 6-9 所示，2010—2020 年，铁路、公路、民航作为我国旅客运输的主要承担方式，其周转量分担比例也发生了较大的变化。2010 年，公路运输旅客周转量占比为 53.85%，铁路运输旅客周转量占比为 31.41%，民航运输旅客周转量占比为 14.48%，公路运输贡献了多数的旅客周转量。到 2019 年，铁路、公路、民航旅客周转量份额分别变为 41.60%、25.06%、33.11%，铁路、民航运输旅客周转量市场份额均有较大幅度增长，超过了公路运输旅客周转量份额。对比各运输方式的客运量，近 10 年居民平均出行距离呈增长趋势。

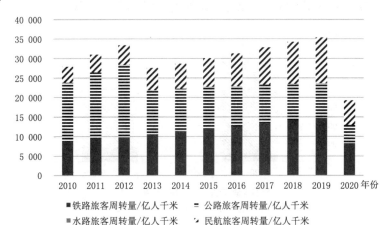

图 6-8　2010—2020 年我国各运输方式旅客周转量变化情况图

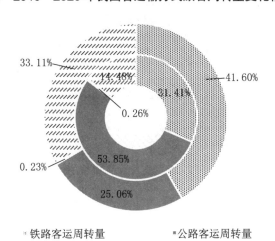

图 6-9　2010、2019 年我国旅客周转量结构对比图

6.1.3 重点区域客运结构特征

（1）京津冀地区

图6-10、图6-11展示了2010年和2019年京津冀城市群的客运结构变化及对比情况。京津冀地区地处华北平原，内河水系相对不发达，水路客运量占比几乎为零。与2010年相比，2019年（排除疫情影响），京津冀地区公路客运量占比为66.59%，下降了23.55%；铁路客运量为23.94%，上升了16.49%；民航客运量为9.47%，上升了7.06%。京津冀地区客运结构变化明显。

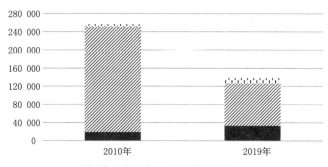

图6-10 2010、2019年京津冀地区运输方式客运量变化情况图

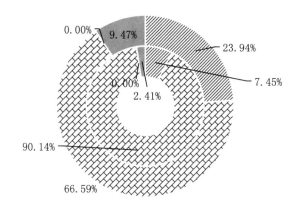

图6-11 2010、2019年京津冀地区旅客运输结构对比图

　　旅客周转量方面，如图 6-12、图 6-13 所示，公路、铁路、民航承担了京津冀地区绝大部分的旅客运输任务。2010 年，京津冀铁路运输旅客周转量占比为 33.53%，公路运输旅客周转量占比为 29.87%，民航运输旅客周转量占比为 36.60%，民航运输贡献了多数的旅客周转量。到 2019 年，铁路运输旅客周转量占比为 34.79%，增长了约 2%，公路运输旅客周转量占比为 9.67%，下降了约 20%，民航运输旅客周转量占比为 55.54%，增长了约 18%，民航旅客周转量市场份额大幅增加，且超过了其他旅客周转量总份额。对比发现，随着京津冀一体化进程加快，区域经济发展速度提高，10 年来，居民出行方式更加多元化，平均出行距离呈增长趋势。

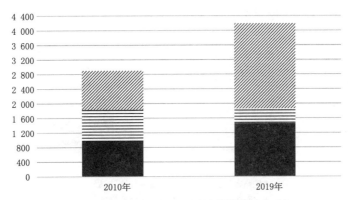

图 6-12　2010、2019 年京津冀地区各运输方式旅客周转量变化情况图

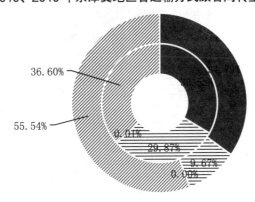

图 6-13　2010、2019 年京津冀地区旅客周转量结构对比图

（2）长三角地区

长三角地区是中国开放程度最高、经济最具活力的区域之一。从数据上看，10年间，长三角地区的客运结构发生了深刻变化。如图6-14、图6-15所示，2010年，长三角地区铁路客运量、公路客运量、水路客运量、民航客运量分别为28 992万人、588 889万人、3 969万人、5 846万人。公路客运量占比最高，达到93.82%，铁路客运量占比4.62%，水路、民航客运量占比都不足1%。到2019年，公路客运量占比下降了23.95%，铁路、水路、民航客运量占比都有不同程度上升，其中铁路客运量占比上升最快，达24.01%。

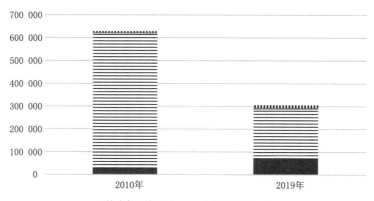

图6-14 2010、2019年长三角地区各运输方式客运量变化情况图

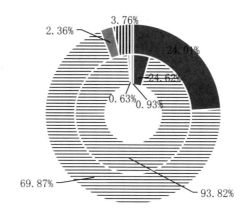

图6-15 2010、2019年长三角地区旅客运输结构对比图

图 6-16、图 6-17 展示了长三角地区 2010 年和 2019 年旅客周转量的对比数据。如图所示，2010 年，铁路、公路、民航是长三角地区旅客运输的主要方式，且公路运输贡献了超过 50% 的旅客周转量。到 2019 年，铁路运输旅客周转量占比为 38.09%，上升了 15.8%，公路运输旅客周转量占比为 22.97%，下降了 34.55%，民航运输旅客周转量占比为 38.76%，上升了 18.78%，水路运输旅客周转量占比为 0.17%，下降了 0.04%。铁路和航空运输旅客周转量市场份额大幅度增加，贡献了 2019 年长三角地区大多数的旅客周转量。通过对比近 9 年来长三角地区各种运输方式的旅客周转量，可以看出，长三角区域一体化程度不断提升，推动了交通运输结构调整。

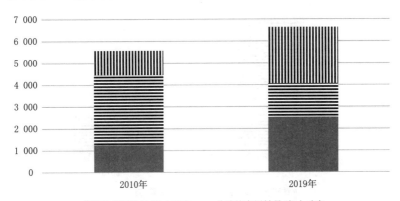

图 6-16　2010、2019 年长三角地区各运输方式旅客周转量变化情况图

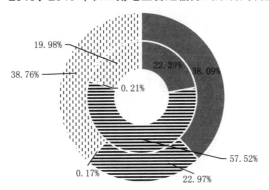

图 6-17　2010、2019 年长三角地区旅客周转量结构对比图

（3）粤港澳大湾区

由于部分地市铁路、民航数据不可得，故本研究以广州、深圳2个区域中心城市的数据分析客运结构变化特征。由图6-18、图6-19可以看出，从2010年到2019年，2市营运性客运总量大幅降低，2019年客运量较2010年减少了2/3。2市在2010年的旅客运输结构中主要以公路客运为主，占比高达90.75%，铁路客运量占比为5.35%。到2019年，旅客运输结构得到改善，公路客运量占比下降为45%，铁路客运量上升为33%，民航客运量占比由3.65%上升至21%。

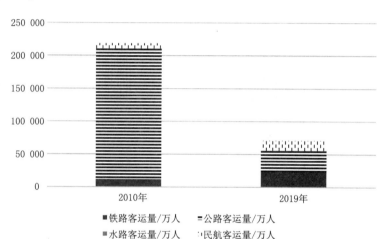

图6-18　2010、2019年广州、深圳各运输方式客运量变化情况图

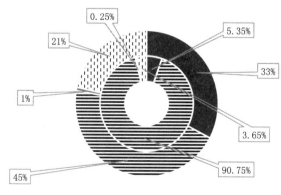

图6-19　2010、2019年广州、深圳旅客运输结构对比图

如图 6-20、图 6-21 所示，对比 2019 年与 2010 年的数据，虽然广州、深圳 2 市的营运性客运量大幅减少，但旅客周转量仍显著增加，表明 10 年来居民旅行距离显著增长。从运输方式看，民航旅客周转量占比呈增长态势，旅客周转量占比由 52% 增长至 79%；铁路旅客周转量占比 18% 下降至 10%，公路旅客周转量占比由 30% 下降至 11%。

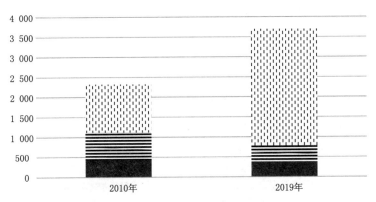

图 6-20　2010、2019 年广州、深圳各运输方式旅客周转量变化情况图

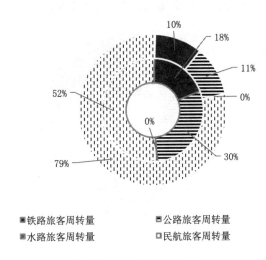

图 6-21　2010、2019 年广州、深圳各运输方式旅客周转量结构对比图

（4）成渝地区

通过对比分析 2010 年与 2019 年成渝地区各运输方式的客运量数据，可以

发现成渝地区在客运结构上发生较大变化，整体客运量数据呈减少趋势。如图6-22、图6-23所示，2010年，成渝地区旅客运输总量中公路客运量占绝大多数，达到95.56%，铁路客运量占比仅为2.57%，水路客运量占1.09%、民航客运量占0.79%。到2019年（排除疫情影响），在客运结构中，公路客运量占比下降为76.41%，铁路客运量占比上升到15.87%，民航客运量也上升到6.06%，水路客运量占比略微上升，为1.66%。

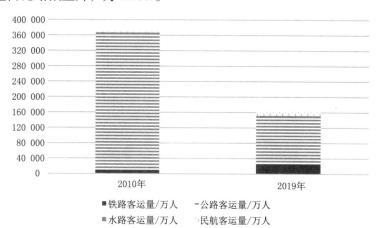

图6-22　2010、2019年成渝地区运输方式客运量变化情况图

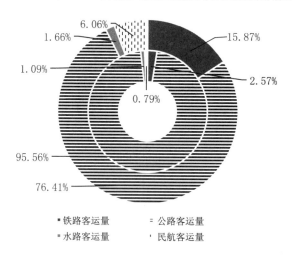

图6-23　2010、2019年成渝地区旅客运输结构对比图

旅客周转量方面，如图6-24、6-25所示，2010、2019年数据显示，铁路、公路、民航是成渝地区旅客运输的主要承担方式，其周转量分担比例也发生了较大的变化。2010年，公路运输旅客周转量占比为59.39%，铁路运输旅客周转量占比为16.30%，民航运输旅客周转量占比为23.66%，4种运输方式中，公路运输承担了多数的旅客周转量。到2019年，铁路和航空运输旅客周转量占比增加，分别为21.92%和54.50%。公路和水路运输旅客周转量占比减少，分别为23.35%和0.24%。其中民航旅客周转量占比变化最大，可以明显看出在2019年民航运输旅客周转量已经超过了公路运输旅客周转量的占比份额。

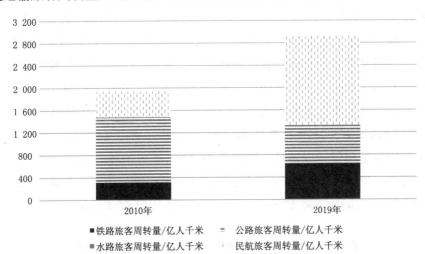

图 6-24　2010、2019 年成渝地区各运输方式旅客周转量变化情况图

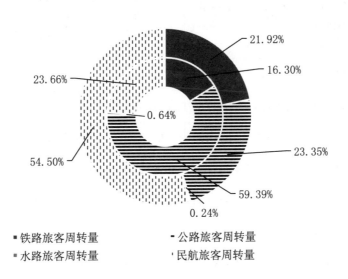

图 6-25　2010、2019 年成渝地区旅客周转量结构对比图

6.2 综合交通货运结构

6.2.1 全国货运量增长变化情况

近年来，我国经济快速发展，贸易经济迅速繁荣，货物运输规模不断扩大，铁路、公路、水路、民用航空等运输方式的快速发展促进了我国各区域之间的人员及货物交流和资源的合理配置。2010—2020 年我国货运量及货物周转量情况如表 6-2 所示，2010—2020 年间，我国货物运输量（简称货运量）和货运周转量整体呈现上升趋势，2019 年我国货运量达 5 309 942 万吨，同比增长 4.88%；货运周转量达到 205 942.4 亿吨千米，同比增长 3.29%，与 2010 年统计数据相比，我国货运量和货运周转量分别增长 66.36% 和 47.48%。但 2020 年受疫情影响，我国完成货运量 4 643 956 万吨，货运周转量完成 196 761 亿吨千米，相较于 2019 年货运量同比下降 12.54%，货运周转量同比下降 4.46%。

表 6-2 2010-2020 年我国货运量及货运周转量情况

年份	国内生产总值（GDP）/亿元	人口规模/万人	货运量/万吨	货运周转量/亿吨千米	GDP增长/%	人口增长/%	货运量增长/%	货运量周转量增长/%
2010	412 119	134 091	3 191 835	139 640.2	—	—	—	–
2011	487 940	134 916	3 639 888	156 438.3	18.40	0.62	14.04	12.03
2012	538 580	135 922	4 038 163	170 593.4	10.38	0.75	10.94	9.05
2013	592 963	136 726	4 033 691	164 517.9	10.10	0.59	−0.11	−3.56
2014	643 563	137 646	4 093 545	177 339.4	8.53	0.67	1.48	7.79
2015	688 858	138 326	4 100 016	173 690.6	7.04	0.49	0.16	−2.06
2016	746 395	139 232	4 313 351	182 433.6	8.35	0.65	5.20	5.03

续表

年份	国内生产总值（GDP）/亿元	人口规模/万人	货运量/万吨	货运周转量/亿吨千米	GDP增长/%	人口增长/%	货运量增长/%	货运周转量增长/%
2017	832 036	140 011	4 724 275	192 588.5	11.47	0.56	9.53	5.57
2018	919 281	140 541	5 062 925	199 385.5	10.49	0.38	7.17	3.53
2019	986 515	141 008	5 309 942	205 942.4	7.31	0.33	4.88	3.29
2020	1 013 567	141 212	4 643 956	196 761.0	2.74	0.14	−12.54	−4.46

注：根据国家统计局按照调整后可比口径对2019年公路货运量、货物周转量（比上年分别增长4.2%和0.4%）进行数据调整。

由于2013年交通运输业经济统计专项调整了统计范围口径，2011—2020年，在我国国内生产总值（GDP）逐年递增且稳定的情况下，货运量与货运周转量增速在2013年与2020年出现了小幅的减缓。2020年受疫情影响，我国GDP增速相较2019年下降4.57%。但从整体分析，我国货运量与GDP变化趋势呈正相关。图6-26、图6-27展示了2010—2020年全国货运量和GDP的对比情况。

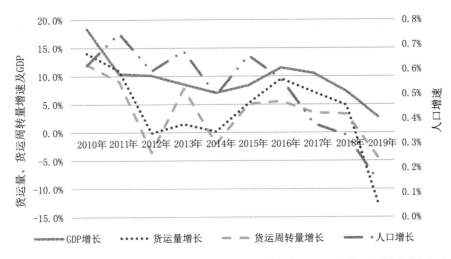

图6-26　2011—2020年我国货运量、货运周转量与GDP及人口规模变化图

2010—2015年，我国货运量增长缓慢，GDO增速稳定。2016—2019年，我国货运量上升趋势明显，变化幅度较大，同时GDP增速加快。不难发现，国内经济走势与货运量变化相一致，经济增长的同时会加大交通运输基础设施建设的投入，交通运输的发展又会促进国内经济的增长。

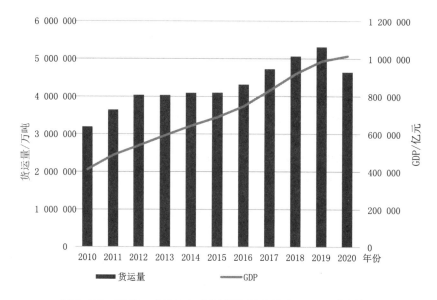

图 6-27　2010—2020 年全国货运量变化与 GDP 对比情况

　　图 6-28 所示为我国 2010—2020 年货运周转量的波动态势，2019 年我国货运周转量突破 20 万亿大关，达到 205 942.4 亿吨千米。从图中可以看出，2013 年和 2015 年货运周转量有所下降，同比下降 3.56% 和 2.06%。分析原因，货运周转量下降主要是由于运输条件的改善使得货物平均运距缩短。此外，短距离运输的增加也对货运周转量产生了相应的影响。虽然货运周转量变化趋势存在小范围波动，但其总体趋势与 GDP 变化趋势相近。数据表明，货运周转量的提升有助于提高 GDP，进而促进国民经济长期稳定发展。

　　与货运量相比，货运周转量的增长速度小于 GDP 的增长速度。分析可知，经济的发展推动了交通运输基础设施的完善，国家对交通运输业的积极态度使得单位 GDP 增长所需的货运周转量呈现出减小的趋势。

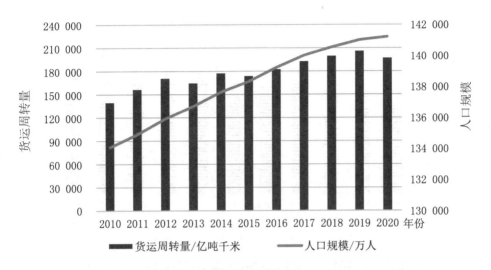

图 6-28   2010—2020 年全国货运周转量变化与 GDP 变化对比情况

6.2.2   货运结构变化情况

2010—2020 年，我国货运结构主要以公路货运为主，铁路货运量在 2013—2015 年主要受我国煤炭、钢铁等大宗原材料需求量降低的影响逐年下降，在 2016—2019 年，随着我国大宗原材料需求的回暖，集装箱和散货运输量逐渐提高，使得我国铁路货运量逐渐提高。同时，国务院常务会议在 2018 年 9 月通过了《推进运输结构调整三年行动计划（2018—2020 年）》，计划以调整运输结构、提高综合运输效率为原则，减少公路特别是大宗产品公路货运量，增加铁路货运量，提高沿海港口集装箱、铁路集疏港比例，以京津冀及周边地区、长三角地区为主战场，以推进大宗货物运输"公转铁、公转水"为主攻方向，进一步推动我国铁路货运的发展。如图 6-29、图 6-30 所示，公路货运量对货运总量的贡献最大，2019 年达到了 77.65%，比 2010 年增加了 0.95%。铁路货运方面，与 2010 年相比，铁路货运量占比下降了 3.14%。水路货运方面，全国水运货运量从 2010 年逐年稳定增长，到 2019 年占比达到 14.07%，较 2010 年增加了 4.3%。民航货运规模占比较少，也处于稳定增长状态且保持相对平稳状态。

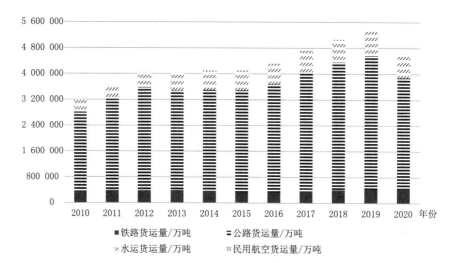

图 6-29　2010—2020 年我国各运输方式货运量变化情况图

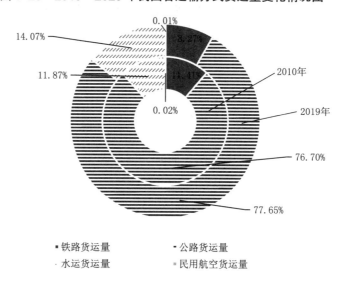

图 6-30　2010、2019 年我国货运量运输结构对比图

　　货运周转量方面，如图 6-31、图 6-32 所示，2019 年，我国铁路和公路货运周转量分别达 30 181.95 亿吨千米、71 534.21 亿吨千米，货运周转量占比分别为 34.74% 和 14.66%。2019 年水运货运周转量占比与 2010 年相比增加了 1.48 个百分点，达到 50.48%，超过了铁路、公路和水路的整体货运周转量占比；虽然与公路、铁路、水路相比，民航货运周转量占比最小，但统计数据显示，民航在

2010—2019 年货运周转量逐年增加，2019 年已完成 263.2 亿吨千米的货运周转量，同比增长 0.27%。

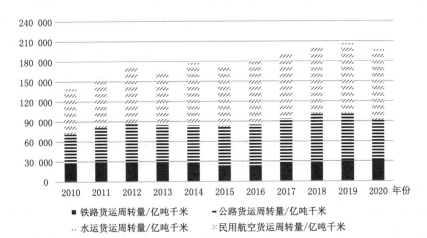

图 6-31 2010—2020 年我国各运输方式旅客周转量变化情况图

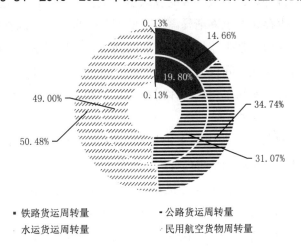

图 6-32 2010、2019 年我国货运周转量结构对比图

6.3 客货运输劳动力情况

货车司机、网约车司机、巡游出租车司机、船员等客货运输人员是交通运输行业的主要劳动力人群。根据公开数据显示，截至 2022 年底，交通运输行业共有货车司机 1 700 多万人，网约车司机约 522 万人，巡游出租车司机约 270 万

人，注册船员 172 万人。

近年来，受企业利润空间不断缩小、对传统交通业务工作认同感不断降低、新兴业态、外部制度环境约束等因素影响，传统交通产业领域的人才流失不断增加。调研显示，客运、货运等主体工种一线驾驶员普遍年龄偏大、学历偏低。以货车司机为例，据调查，2021 年货车司机 35 岁以下、46 岁以上群体分别占25.5% 和 25.8%，而这一数据在 2016 年分别为 66% 和 5%，5 年间，货车司机老龄化趋势明显；学历方面，2021 年，货车司机中初中及以下学历占比 67.7%，是低学历人员重要的就业渠道。从业时间方面，从业 10 年以上的货车司机占比达到 57.3%，6～10 年从业司机数量占 22.7%，5 年以下从业司机数量占20%，5 年以下从业司机占比较 2016 年有所减少，货车司机对年轻从业者吸引力显著减弱。

网约车司机是伴随着交通运输新业态发展而快速壮大的群体，自 2012 年打车软件补贴大战以来，网约车司机被盛传门槛低、月入轻松过万、灵活自由。在那个时代，单靠平台补贴，司机一天的收入也能上百。如今行业发展趋于理性成熟，网约车司机的生存状态也逐渐暴露出一些问题。根据相关调查机构的调研报告，网约车司机的主力军是中年男性，从业时间多在 3 年以下，网约车司机流动性比较大，不少司机从业时间仅为 3 个月以内，甚至只有十几天，由于行业及平台支付规则日趋复杂，网约车司机群体对相关政策和福利不太了解，实际上路后对收入产生较大的心理落差。

网约车的兴起对传统巡游出租车市场冲击很大。2022 年，我国巡游出租车136.20 万辆，同比下降 2.1%，而巡游出租车客运量为 208.20 亿人次，同比下降 22%。按照每辆车配备 2 名司机估计，近 10 年巡游出租车司机数量基本保持在 270 万人左右，但巡游出租车的客运量大幅下降，2022 年的客运量几乎只有 2014 年的一半（2014 年巡游出租车客运量为近 10 年最高，达到406.06 亿人次），这一数据很具代表性地表明了当前巡游出租车司机生存压力之大。

船员方面，相关调查显示，近 20 年我国船员职业幸福指数呈下降趋势，船员职业认同感较以往形成严重落差，船员群体存在职业归属感不强、社会保障不足、劳动强度与工资收入不匹配等问题，在改善生产条件、融入城镇生活等方面存在困难。因此，近年来，航海类毕业生择业意向趋于多元化，直接从事海上运输的毕业生比例呈逐年递减趋势，就业招聘结构性矛盾突出。

　　交通运输行业劳动力主体的变化轨迹折射出我国人口发展演变对劳动力市场带来的影响。我国劳动年龄人口自 2011 年达到峰值 9.4 亿人后开始下降，十多年间减少 6 000 万。随着人口负增长时代到来，劳动力稀缺性日益增强，我们不得不妥善应对劳动力减少、老龄化加剧对行业发展带来的冲击。货车司机、出租车司机、网约车司机、船员等客货运输职业为劳动密集型职业，近年来对年轻人的吸引力降低，老龄化趋势明显，传统客货运输行业出现了招工难、用工荒现象。劳动力人口的减少，将对传统客、货运输行业带来更大的挑战。近年来，货车司机、船员等群体的生存状态得到了社会的普遍关注，行业主管部门采取了一系列针对性措施，力求切实改善该群体的生产经营条件，保障其合法权益，不断提高其获得感、幸福感和安全感。行业转型升级同劳动力流失赛跑，改善从业环境，降低经营负担，保障合法权益，才能遏制客、货运输行业劳动力流失的趋势。

综合交通运输服务与人口演变协调性

7.1 交通站场分布与人口

7.1.1 铁路客运站分布与人口

截至 2020 年底，我国铁路客运站总数为 3 432 个，东部地区 711 个，中部地区 575 个，西部地区 1 331 个，东北地区 815 个。如图 7-1 所示，由于东部地区经济相对发达，出行需求大，其人口数量和铁路客运数量均远高于其他地区，而铁路客运站数量与其他地区相比，略显劣势。西部地区地广人稀，足够的铁路客运站数量才能更好地满足人们的出行需求，图中数据很好地证明了这一点。如图 7-1 所示，西部地区铁路客运站总数为 1 331 个，接近东部客运站总数的两倍，但西部地区铁路客运量却只有东部地区铁路客运量的一半。铁路旅客出行次数与地区经济发展水平有直接联系，一般越是经济发达地区，越有强大的出行需求，同时，区域经济发展水平也决定了其出行支付能力。西部地区和东北地区经济欠发达，其铁路旅客出行率也相对较低。

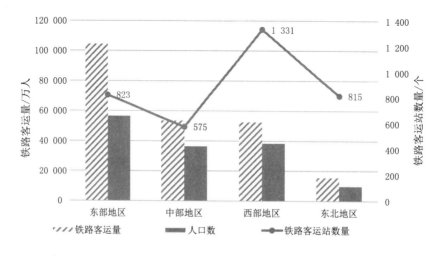

图 7-1 2020 年各区域铁路客运量与客运站数量对比图

图 7-2 所示为 2020 年各省区市人口数量、铁路客运量和客运站数量的对比情况。铁路客运站数量最多的三个省份是黑龙江、内蒙古和四川，分别为 360 个、343 个、211 个。铁路客运量最多的三个省份为广东、江苏和浙江。总体而言，东北地区铁路客运站数量高于绝大多数其他地区铁路客运站数量，这得益于 20 世纪东北地区发达的重工业。在那段时期，由于重工业的带动，东北地区 GDP 远超我国其他地区，成为中国经济核心地区，铁路运输发展水平也高于其他省区市。

经济发展水平与出行需求呈正相关。近年来，东部沿海地区及东南沿海地区经济快速发展，2020 年，广东、江苏、山东和浙江地区 GDP 总值领跑全国，广东 GDP 位居全国第一。相对应的，如图 7-2 所示，广东 2020 年铁路客运量远远高于其他各省区市，江苏铁路客运量为 16 084 万人，浙江铁路客运量为 15 854 万人，分列二、三位，验证了经济发展水平与出行需求的关系。

总体来看，我国绝大多数地区铁路客运站数量与人口规模并不匹配，铁路系统有待完善。2016 年，国家新修订《中长期铁路网规划》，规划要求进一步完善普速铁路网，扩大中西部路网覆盖，优化东部网络布局，形成便捷化大能力区际通道，加快建设脱贫攻坚和国土开发铁路。高速铁路网，在原规划"四纵四横"的基础上，充分利用既有铁路，形成以"八纵八横"主通道为骨架、区域连接线衔接、城际铁路补充的网络。

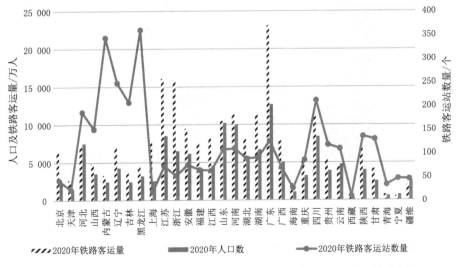

图 7-2　2020 年各省区市人口数量、铁路客运量和客运站数量对比图

7.1.2 民航机场分布与人口

2010 年，我国人口总数为 134 091 万人，机场数量为 175 个；到 2020 年，人口总数增长到 141 212 万人，机场数量为 241 个，分别增长了 5.38%、37.71%。从变化率来看，机场增长率为人口增长率的 7 倍。我国幅员辽阔，各地区发展水平差距大，改革开放以来，东部地区经济快速发展，经济的发展带动了航空运输业发展，改变了人们的出行选择。如图 7-3、图 7-4 所示，2010 年，东部地区人口数为 50 619 万人，航空旅客吞吐量为 33 900 万人，均远高于其余三大区域。2020 年，东部地区、中部地区、西部地区和东北地区航空旅客吞吐量都有所上升，且东部地区上升最为明显。从机场区域分布角度来看，2010 年，东部地区、中部地区、西部地区、东北地区的机场数量分别为 46 个、25 个、85 个、19 个，2020 年分别增加到 54 个、36 个、124 个、27 个，占比分别为 22.41%、14.94%、51.45%、11.20%，机场区域分布相对均匀。东部地区人口密度大，经济较为发达，航空需求旺盛。西部、东北地区人口密度小，发展较为滞后，市场需求不足。

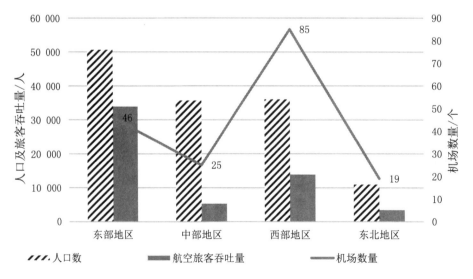

图 7-3　2010 年各区域人口数量、航空旅客吞吐量和机场数量对比图

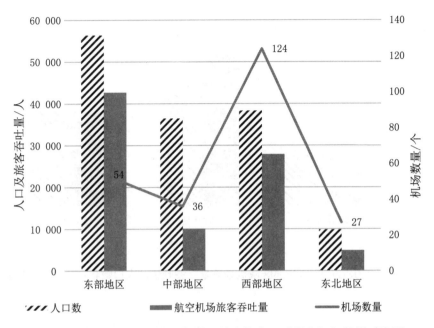

图 7-4　2020 年各区域人口数量、航空旅客吞吐量和机场数量对比图

（1）东部区域

图 7-5 所示为 2010、2020 年东部区域机场数量、吞吐量、人口数量占比的对比情况。人口分布方面，由于经济发展的虹吸效应，东部地区人口数量占比上升明显，由 2010 年的 37.98% 上升为 2020 年的 39.99%。随着人口的增长，东部地区的旅客吞吐量占比及机场数量占比却呈下降趋势。2020 年，旅客吞吐量占比为 49.88%，机场数量占比为 22.41%，相较于 2010 年，分别下降了 10.12%、3.88%。

图 7-6 所示为 2010—2020 年东部区域机场数量占比、吞吐量占比、人口数量占比的变化趋势。其中，航空旅客吞吐量占比下降十分明显。分析原因，一是各区域间航空运输发展更加均衡化，西部大开发战略、中部地区崛起战略的实施使得中西部区域航空运输体系更加完善；二是高铁的快速发展，分担了一部分航空客流量。

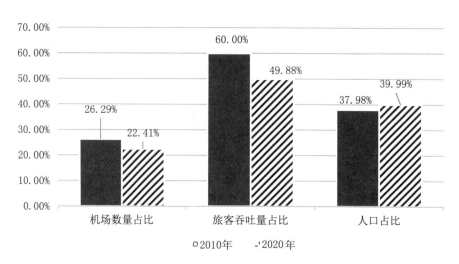

图 7-5　2010、2020 年东部区域机场数量、吞吐量、人口数量占比对比情况图

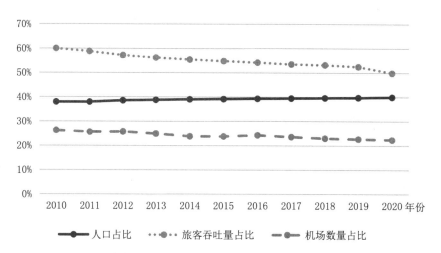

图 7-6　2010—2020 年东部区域机场数量占比、吞吐量占比、人口数量占比的变化趋势图

（2）中部地区

如图 7-7、图 7-8 所示，中部地区机场数量占比保持相对稳定，2010 年，机场数量为 25 个，占比 34.29%，2020 年，机场数量为 36 个，占比 34.94%。促进中部地区崛起战略的制定和实施，为中部地区的发展注入了动力，旅客吞吐量占比略有上升。其中，2020 年旅客吞吐量占比为 11.80%，上升了 2.42%；2016 年之后，旅客吞吐量占比上升趋势明显。2010—2020 年，中部地区人口数量占比

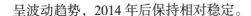
呈波动趋势，2014 年后保持相对稳定。

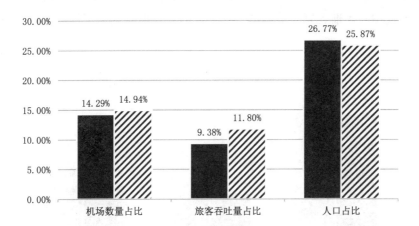

图 7-7　2010、2020 年中部区域机场数量、吞吐量、人口数量占比对比情况图

图 7-8　2010—2020 年中部区域机场数量占比、吞吐量占比、人口数量占比的变化趋势图

（3）西部地区

中国民用航空局公布的数据显示，2010 年，西部地区机场数量为 85 个，到 2020 年，这一数量增加了 39 个，达到了 124 个，机场数量占比分别为 48.57%、51.45%，如图 7-9 所示。西部地区人口密度较低，经济发展较为滞后，国土面积占比在 50% 以上，人口数量占比仅为 27% 左右。图 7-10 为西部区域机场数量占比、旅客吞吐量占比、人口数量占比的变化趋势情况，不难看出，2010—2020

年，西部地区航空旅客吞吐量占比上升趋势明显，2020年达到了32.59%。人口占比处于平稳状态，2013年后，旅客吞吐量占比超过了人口占比。在中长远距离的出行方式中，民航无疑是最好的选择，同时，民航也助力了西部大开发战略的实施。

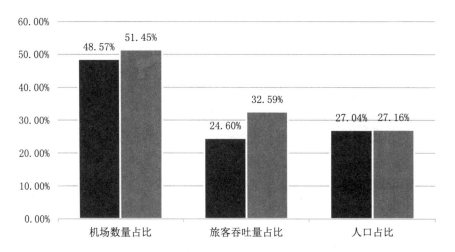

图7-9　2010、2020年西部区域机场数量、吞吐量、人口数量占比对比情况图

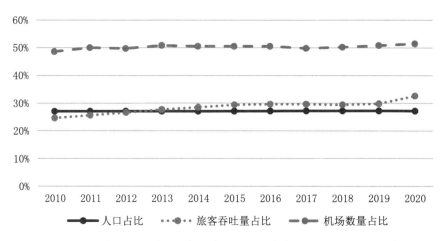

图7-10　2010—2020年西部区域机场数量占比、吞吐量占比、人口数量占比的变化趋势图

（4）东北地区

图7-11、图7-12所示为东北地区2010年、2020年机场数量占比、旅客吞吐量占比、人口占比的对比情况和2010—2020年的变化趋势。旅客吞吐量占比

方面，2020 年仅为 5.72%，较 2010 年下降了 0.3%；机场数量占比有所增加，由 2010 年的 10.86% 上升为 2020 年的 11.20%。从变化趋势图来看，2011—2020年，东北地区人口数量占比呈直线下降趋势。旅客吞吐量占比围绕 6% 上下波动。相比于中部、东部地区，东北地区经济发展尽显疲态，人口流失数量大，航空运输体系与高铁发展均不完善。

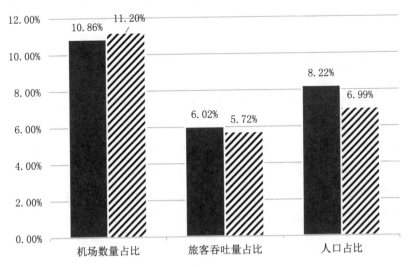

图 7-11 2010、2020 年东北地区机场数量、旅客吞吐量、人口数量占比对比情况图

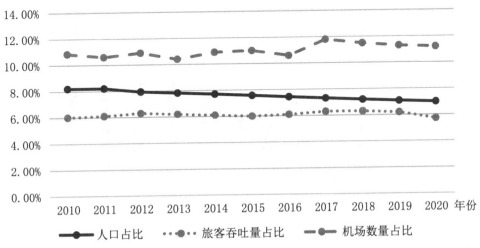

图 7-12 2010—2020 年东北地区机场数量占比、旅客吞吐量占比、人口数量占比的变化趋势图

总体来看，我国民航发展与国家的区域协调发展要求还有一定差距。近年来，国家经济发展的重心逐渐向南转移，区域之间经济发展水平差距较大。由于机场数量与分布限制，中部地区和西部地区航空服务覆盖不全，尤其是边远地区，服务短板特点十分突出。此外，根据《全国民用运输机场布局规划》，西部地区和东北地区尚有一部分支线机场未建成，这也说明了西部、东北地区民航运输服务覆盖未满足需求。

7.1.3 邮政网点分布与人口

图 7-13 为 2010—2020 年邮政行业发展情况统计图。如图 7-13 所示，近 10 年来，我国邮政业务量大幅增长。2011 年，业务总量为 1 607.7 亿元，到 2020 年，上升为 21 053.2 亿元，与 2011 年相比上涨了 1 209.52%。2020 年，全国邮政服务网点 349 075 处，与 2011 年相比上涨了 360.89%。由此可见，邮政服务网点的发展速度明显低于业务量的上升速度。此外，平均每一营业网点服务面积呈逐年下降趋势，由 2011 年的 126.8 平方千米下降为 2020 年的 27.5 平方千米。

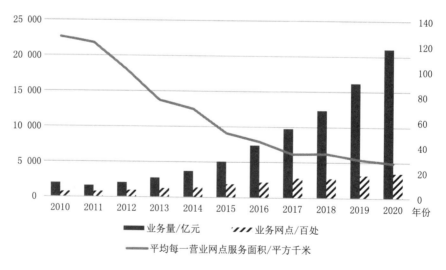

图 7-13 2010—2020 年邮政行业发展情况统计图

（来源：国家统计年鉴）

根据第七次全国人口普查数据，我国人口超千万城市共有 18 座，这 18 座城市合计 27 468 万人，占全国总人口数的 19.46%。从快递大数据来看，超千万人口城市在快递行业发展上表现突出，18 座城市的邮政业务网点数占全国网点数量的比重超过 20%，且超过 30% 的快递员在这些城市工作，创造了邮政快递业 40% 以上的快件量和 50% 以上的行业收入。由于中心城市的建设和发展形成的虹吸效应，使得全国范围内人口集中。与人口虹吸效应相反的是，邮政快递行业的发展越来越成熟，早已将服务触点延伸至三、四线城市和中部、西部的偏远地区，千万人口城市的快递业务量、投递量占全国比重及占各自省份比重均在下降。

7.2　多元化交通服务与人口

7.2.1　保障性交通运输服务

现代社会一旦遭遇风险事故，就可能导致社会成员陷入贫困或者困境。在很多情况下，个体无法依靠自身力量化解风险，这就需要社会化的基础制度安排。保障困难群体的生存权益，推动困难群体摆脱贫困，也是交通运输保障民生的重要任务。在全面建成小康社会时期，交通运输扩大农村公路、农村客运、农村邮政、城市公共交通覆盖范围，实现了具备条件的建制村 100% 通硬化路、通客车、通邮，实现城区常住人口 100 万以上城市建成区公交站点 500 米覆盖率 100%。进入新时代，交通运输基本公共服务的内涵和范围要进一步丰富和扩大，需要在政府力所能及的范围内，进一步加强对农村骨干路网升级、农村快递、新能源网络、无障碍和适老化设施等的投入，提升交通运输基本公共服务的质量。

（1）适老化交通服务

据预测，到 2040 年，我国老年人口总数将达到 4.1 亿，占到总人口的 29%，将超过法国、德国、意大利、日本和英国目前人口的总和，届时每 3 ～ 4 人中就有 1 名老年人。我国残疾人口绝对数量多，截至 2021 年底我国共有近 1 800 万就业年龄段持证残疾人，其中全国城乡持证残疾人就业为 881.6 万人，仅为总数的一半左右。

提高适老化交通服务得到了国家有关部门的关注。2018 年，交通运输部联合住房和城乡建设部等七部门印发了《关于进一步加强和改善老年人残疾人出行服务的实施意见》，提出到 2020 年交通运输无障碍出行服务要实现以下具体目标：新建或改扩建的铁路客运站、高速公路服务区、二级及以上汽车客运站、城市轮渡、国际客运码头（含水路客运站）、民用运输机场航站区、城市轨道交通车站无障碍设施实现全覆盖；邮政对老年人、残疾人的信件、印刷品、汇款通知等实现邮件全部按址投递；鼓励具备条件的城市新增公交车辆优先选择低地板公交车，500 万人口以上城市新增公交车辆全部实现低地板化。有条件的铁路客运站、普通国省干线公路服务区、二级以上客运站、邮政营业网点、城市轨道交通车站、城市公共交通枢纽等老年人、残疾人引导辅助服务覆盖率有效提升，力争实现无障碍服务设施全覆盖。

2020 年，交通运输部联合人力资源和社会保障部等七部门印发了《关于切实解决老年人运用智能技术困难便利老年人日常交通出行的通知》，按照强化传统服务、便利智能服务"两条腿"走路的原则，进一步细化交通运输领域便利老年人出行服务的政策措施，确保"智能时代"老年人日常交通出行便利。其中，一是便利老年人乘坐公共交通，要求各地客运场站推进移动支付、电子客票、扫码乘车的同时，保留现金、纸质票据、凭证和证件的使用；加快推进地级市及以上城市交通一卡通互联互通和便捷应用，积极推动具备条件的社会保障卡增加交通出行功能；鼓励有条件的地区推进老年人凭身份证、老年卡、社保卡等证件乘坐城市公共交通。二是优化老年人打车出行服务，要求保持巡游出租汽车扬召服务，充分发挥 95128 等服务号码作用，提供电话预约或即时叫车服务；鼓励组建"爱心车队"，对有相对固定用车需求的老年人提供保障服务；鼓励网约车平台优化约车软件，增设"一键叫车"功能；在重点场所设置出租汽车候客点、临时停靠点，依托信息化技术提供便捷叫车服务。三是提高客运场站人工服务质量，要求各地客运场站及高速公路服务区、收费站等要保留人工服务窗口；在人流密集的客运场站，具备条件的要为老年人设立优先购票窗口、专用等候区域或绿色通道。

地方层面，2022 年，福建省发布了《关于推进适老化交通出行服务工作的通知》，强调要紧紧围绕老年人在城市交通出行中面临的最突出问题和最迫切要求，统筹推进城市公共汽电车、城市轨道交通、出租车等领域适老化服务提升、车辆更新、设施改造，进一步提高适老化交通出行服务水平。西安市在适老性交通服务方面，软硬兼修，让老年人出行不再磕磕碰碰。在地铁方面，出入口设置直升电梯，由站厅通至站外，并在楼梯处设置有爬楼梯轮椅，方便出行，并且，还开通有"爱心预约"服务，对于行动不便、需要帮助的乘客可在出行前一天通过电话预约，留下乘车站、乘车时间、换乘站、目的车站及其他相关的出行信息，西安地铁线网各车站联手，专门安排工作人员和志愿者在相应出行时间、地点进行爱心帮扶，帮助老年人便捷出行，安全乘坐地铁。在公交方面，公交车都具备投币、刷卡及扫码支付功能，老年人在家门口持老年乘车 IC 卡就可免费乘车，并且还投用千余辆配备无障碍设施的新型纯电动公交车，与普通空调车相比，这些"无障碍公交车"增加了新的功能和设施。其下车门处的导乘板可放下来变成斜坡，让"轮椅族"直接坐轮椅上车。和普通空调车相比，其后车门踏步低，车辆晃动幅度小，乘坐更舒适。在打车出行方面，2018 年，西安市出租汽车行业组建了"爱心车厢"团队，征集自愿加入团队的驾驶员，对 80 岁以上单独乘车的老年人提供免费乘车服务。并与 100 多个出行特别不便的老年人家庭结成对子，提供一对一上门接送服务。2019 年，嘀嗒出行在西安启动了"助老出行"专项行动计划，老年人通过嘀嗒出租车智慧出行小程序，无需输入目的地即可"一键呼叫"附近空车，该平台会自动识别 60 岁以上的老年人，由系统直接优先派单。老年人上车后，还可实现行程分享、线上支付和服务评价等功能。

目前，我国交通系统和空间不够完善，存在着适老化交通基础设施不足等问题。一份 2018 年针对上海市公共交通适老性研究指出，老年人出行具有三大特征：一是出行半径小，主要依赖步行和公共交通；二是习惯于错峰出行；三是出行频率随着年龄的增大而减少。调查研究显示，上海市老年人出行过程中存在几大方面问题。首先，步行出行方面，缺乏无障碍设计，无障碍坡道坡度过大，不适合轮椅上下；步行通道上作息空间分布不均，以及局部步行道被占用作停车位，人车混行。公交系统方面，老年人难以分清乘车路线，并且公交车的设计并不适合老年人。地铁出行方面，地铁站中标识不清，老年人容易迷路，换乘站过长，水平和垂直交通不便。

（2）农村贫困地区交通服务

推动农村地区、边境地区和少数民族地区的交通运输发展始终是行业主管部门工作的重点之一，2012—2020 年，贫困地区新改建农村公路 121 万千米，约 7 万个建制村新通了硬化路，超 5 万个建制村新通了客车，实施 309 个"溜索改桥"项目，完成了渡口改造 996 座、渡改桥 5.2 万延米，贫困地区告别了"出行难""运输难"。加快推进农村物流发展，扎实推进"快递下乡"工程，有效服务脱贫攻坚，加大产业扶贫力度，为贫困地区如期打赢脱贫攻坚战提供了有力支撑。以深度贫困地区为重点，强化"外通内联"，加快完善综合交通运输网络。2016—2020 年，贫困地区改造了约 1.7 万千米国家高速公路、5.3 万千米普通国道、3 100 余千米内河航道。持续加强贫困地区铁路建设，部分贫困地区结束了不通高铁的历史。开行了 81 对"慢火车"，为出行不便的革命老区、少数民族地区、边远山区、贫困地区等提供服务。支持贫困地区机场建设和航空运输发展，提高贫困地区的民航通达水平。

我国交通运输行业的大力发展对推进扶贫脱贫攻坚做出了显著贡献，但总的来说对低收入群体、弱势群体提供的保障性交通运输服务还有待加强。一方面，农村地区相较城市地区交通服务供给水平存在较大差距。农村公路通达深度不足，技术等级水平偏低，安全设施不健全，截至 2020 年底，全国仍有约 30% 的自然村不通硬化路，涉及约 4 000 万农民群众；已建成农村公路等级较低，部分早年建成的农村公路已出现超期服役、损坏严重等问题，配套安全设施不足，管养、运营等方面主体责任落实还不到位，整体服务水平不高；农村客运可持续运营存在较大压力，城乡公交一体化存在制约。随着部分农村人口出现"空心化"，农村客运需求日渐减少，农村客运企业大多处于亏损运营状态。另一方面，边境地区、少数民族地区等特殊地区交通服务供给水平相较全国平均水平存在较大差距。我国边境地级行政区公路网面积密度仅为全国平均水平的 1/3。沿边铁路、公路通道尚未贯通，规划的沿边国道建设亟须加快推进。抵边公路仍不完善，沿边国道三级及以上公路比重低。除中心城区外，部分边境城市、少数民族城市各县（市、区）间的交通联系较弱，如广西百色市那坡、靖西、西林等外围县市间缺少高速公路连通，出行需绕行中心城区。

7.2.2　新业态交通运输服务

（1）定制客运

定制化出行服务是通过运用大数据分析和平台整合现有运力资源能力，将用户需求与出行线路做到精准匹配，定制个性化线路，更好地满足人民群众点对点的出行需求。2016 年 12 月 31 日，交通运输部出台《关于深化改革加快推进道路客运转型升级的指导意见》，鼓励开展灵活、快速、小批量的道路客运定制服务，"定制客运"一词概念首度出现在大众视野中。2020 年 9 月 1 日，交通运输部修订发布的《道路旅客运输及客运站管理规定》，充分总结地方实践经验做法，新增了"班车客运定制服务"一章，鼓励和规范定制客运发展。

近年来中国定制公交发展迅速，截至 2020 年底，超过 50 个城市开通定制公交、旅游专线、通勤班车等特色服务，25 个省开通了 3 000 余条定制客运线路。以北京市为例，截至 2020 年，北京市定制公交累计注册用户超过 38 万，全市已开通 300 余条定制公交线路，日发车 371 班次，日均运送乘客超过 1.1 万人次。北京市于望京、东湖区域开设了创新型定制公交产品——巡游定制公交，即在服务区域范围内，提供 1 分钟响应、动态发车的"区域巡游"服务，采用线上预约的方式，定站不定线，自由灵活，以更加定制化、数字化、智能化的形式服务乘客，乘客可自主预约出行时间、上下车站点，日发车 230 班次，日均客运量 2 000 余人次。

（2）网约车

近年来，由于我国城镇化建设步伐不断加快，城市人口和空间的急速膨胀加重了城区内交通拥堵问题。网约车的适时出现满足了人民日益增长的出行需求。随着中国网约车市场的高速发展，涌现了一批如滴滴出行、嘀嗒拼车、首汽约车、曹操出行等代表性平台。2020 年 12 月滴滴出行活跃用户人数为 5 575.18 万人，占全国网约车用户规模的 15.26%；嘀嗒拼车活跃用户人数为 404.17 万人，占全国网约车用户规模的 1.11%；首汽约车活跃用户人数为 161.39 万人，占全国网约车用户规模的 0.44%；曹操出行活跃用户人数为 121.97 万人，占全国网约车用户规模的 0.33%。截至 2020 年 12 月，上述四家网约车平台用户规模总和占全国网约车用户规模的 17.14%，企业市场占有率相对较低，行业集中度需进一步提升。

在互联网出行方式高速增长的今天，城区内部已有各种网约车平台方便使用，但城区间的中短途接驳出行仍存在空缺，定制客运业务应势而生。定制客运融合出发地—车站—目的地"三段式出行"为"一段式出行"，充分发挥了道路客运随客而行、机动灵活的运营优势，切合了旅客个性化、便捷化、私密性等多样化的出行服务需求，成为传统道路客运的升级版和有益补充。

（3）出行即服务

近年来，在社会经济不断发展、生活水平不断提升、信息技术与交通运输不断融合发展等因素推动下，网约车、共享单车等个性化出行服务模式得到迅猛发展。伴随着个人智能移动终端的快速普及和共享出行蓬勃发展背景下所产生的出行即服务（Mobility as a Service，MaaS）理念，其核心是在精准理解用户出行需求的基础上，通过将各种运输方式整合在统一的服务体系中，充分利用大数据技术最优调配资源，最大限度满足不同出行需求的一体化出行服务生态，并基于移动智能终端为用户提供一体化出行的规划、预定、支付、清分、评价等服务，其宗旨是通过提高公共客运系统的服务水平来尽可能减少公众对私人小汽车出行的依赖，进而达到促进全社会绿色出行的目的。

在交通强国战略背景下，国内基础条件较好的城市如北京、上海、广州、深圳等正积极开展 MaaS 实践探索。北京市自 2019 年起启动了 MaaS 平台建设，并基于该平台探索尝试引导绿色出行与碳减排的结合，开展了绿色出行碳普惠激励模式的探索和实践，并依托冬奥会契机开展了面向冬奥会的 MaaS 建设与服务。北京通过政企、公私数据资源共享模式，已整合了公交、地铁等模式的部分数据，除面向乘客提供信息服务外，还建立了出行碳积分跟踪评估与交易制度，鼓励用户采用绿色出行。通过市民在 MaaS 平台上注册参与该活动，截至 2022 年 9月，北京 MaaS 平台用户超 3 000 万人，绿色出行碳普惠注册用户超 200 万，日均绿色出行服务 600 余万人次，累计碳减排 20 万余吨。一是制定了数据开放管理办法。为促进交通行业和互联网企业深度融合，优化和改善出行引导服务，北京市交通委员会编制发布了《北京市交通出行数据开放管理办法（试行）》，开放地面公交、轨道交通、静态交通、路网运行等 4 大类、14 项交通出行数据，释放数据红利。二是建立了政企合作共建新模式。通过政企合作模式，共享融合交通大数据，依托高德地图、百度地图等平台，打造北京 MaaS 平台，为公众提供涵盖公交、轨道、共享单车、网约车、自驾等多种模式的出行路径规划、车辆位置、满载率、换乘引导、下车提醒、导航等信息服务。三是创新了绿色出行激励机制。基于 MaaS 平台将绿色出行与碳减排相结合，建立了绿色出行碳普惠激励机制。①建立低碳出行碳减排方法学。北京市生态环境局发布了《北京市低碳出行碳减排方法学（试行）》，为核算所有出行方式的碳排放量提供统一标准。②建立碳交易核验机制。北京交通、环保等多部门协作建立了基于 MaaS 平台大数据驱动的碳交易核验机制，确保了减排量的真实性、准确性、唯一性。③建立可持续激励机制：通过 MaaS 平台汇集个人碳减排量并参与碳交易，交易所得奖励给出行者。

广州市交通运输局、广州市公共交通集团有限公司等组织广州羊城通有限公司建设广州一站式出行服务平台，按照"政府支持、企业为主、市场化运作"原则开展 MaaS 平台建设，实现了市场有效、企业有利、民众有感。一是实现了全交通模式统一支付，提高了用户出行效率。以手机乘车码、虚拟 IC 卡电子车票为载体，整合城市公交、地铁、水上巴士、自行车、网约车、出租车等全交通模式支付服务。将出行支付服务延伸到出行前规划、一键支付、出行后激励、虚拟社区、服务监督、碳积分、响应式公交、交旅融合、防疫溯源、跨区域出行等数十种典型应用场景。二是丰富了出行产品和服务，满足了用户个性化、定制化的出行需求。在多样化套票服务方面：一方面与互联网共享单车平台联合发行了"绿通票"，推出公交+共享单车的周票、月票等套票产品，实现公交车和共享单车通骑通乘；另一方面推出广州城市旅游卡（又称公交地铁联乘日通票），人们可在指定时间内无限次数搭乘公交和地铁，并可在特约旅游景点、景区、酒店享受优惠折扣服务。在定制化公交服务方面：整合公交服务供给能力，实现柔性化运营调度，推出了不定线行驶的动态响应式公交服务，以满足基础线网不能有效覆盖的低密度、低客流场景和高峰期、大客流场景，并探索无人驾驶公交自动化出行服务模式。三是探索了多元化运营模式，培育了出行+消费商业生态圈。通过电子车票的赠送营销服务，将公交沿线商家服务精准匹配到线路用户，为商家提供"免费购物巴"服务（如到店消费、返程送公交电子车票），实现公交出行与生活消费精准融合，通过出行+消费场景互相引流、互相赋能，形成营销闭环。

上海市在《上海市促进城市数字化转型的若干政策措施》《上海市综合交通发展"十四五"规划》和《关于深入践行人民城市重要理念建设更高水平公交都市示范城市的三年行动方案（2021—2023 年）》等文件中，均已明确提出完善数字化出行服务体系建设。目前，上海以"创新运营、便捷服务、数据授权"为主线，开展 MaaS 平台建设。一是创新组建了运营新主体，将 MaaS 服务提供方作为一种新的运营主体。依托公交、地铁、出租等国有公共运力资源组建了上海随申行智慧交通科技有限公司，作为 MaaS 建设和运营主体，根据上海市公共数据统一授权运营要求，负责 MaaS 平台建设及全市交通公共数据的运营。同时，下设上海随申行数据服务有限公司，承担具体 MaaS 商业化运营职能，如数据产品研发、数据服务供给等。二是推进了出行服务便捷化，通过具体举措提升出行服务整合水平，扩大了用户群体。在出行统一支付方面，上海市交通委员会同申通集团、久事集团、市大数据中心等机构，共同推进完成了公交乘车码、地铁乘车码、"随申码"的三码整合工作，实现了公共交通一码通行；在便捷停车服务方面，平台已全面接入全市 3 300 个经营性停车场（库）和 1 200 个收费道路停车场的基础信息数据，实现了停车缴费服务，并在新华、瑞金等近百家医院提供"停车预约"服务；在一键叫车服务方面，在开展候客站"一键叫车"的基础上，推进"一键叫车"服务进社区试点，完成了 100 个智能叫车屏安装，并与 4 家医院合作试点"一键叫车"进医院项目。三是开展了数据授权试点，落实数据的使用和运营权限。按照《上海市数字经济发展"十四五"规划》关于在交通领域开展公共数据授权运营试点任务要求，上海 MaaS 平台建设作为上海数据授权运营的首批试点领域，将在确保合规性的前提下，不碰管理权、突出运营权，淡化数据资产权属、强化数据开发利用，聚焦提供数据产品和服务。

8 国外交通发展应对人口演变经验的借鉴

8.1 以人口演变需求为基础开展交通基础设施规划建设

8.1.1 美国

1920 年以来美国在人口总量方面保持长期增长态势，但增速放缓。2020 年总人口约为 3.3 亿，预计在 2060 年前后突破 4 亿人，但呈现出老龄化发展趋势，老年人口占比增长至 25%。在人口分布方面，美国人口随产业转移，向城市群与中心城市聚集的特征显著：第二产业发展时期，西部和南部的农业地区人口向东北部和中西部的五大湖地区与"铁锈八州"等传统工业城市聚集；在去工业化发展时期，人口则向能源、现代制造和现代服务业主导的城市群迁移，预计到 2050 年将有 75% 的人口聚集在特大城市群。同时，美国城市化与郊区化的发展也推动了人口由乡村向城市聚集，再沿聚集区向外分散。美国建立了基于人口状况的交通规划机制与方法，以 5 ~ 7 年为周期，定期开展以州市、大都市区为单位的全国居民出行调查，部分地区（如马里兰州）构建了基于人口规模与结构数据的交通规划机制与方法。此外，美国设立了交通规划跨区域协调的大都市规划组织（MPO），并且规定，人口大于 5 万人的城市化区域，必须建立 MPO。根据城市具体情况，美国人口较多的区域通常会单独成立 MPO 局，人口较少的区域则将 MPO 部门放在地方规划局或交通局中。在区域交通规划工作中，基于区域内的经济、人口、住房、交通及环境现状，对未来区域内经济和人口增长的预测及由此带来的对住房、交通的需求和对环境的影响进行研判，进而提出应对区域增长的可选择性土地利用和交通方案及配套政策。

同时，美国交通基础设施投资向人口增长潜力大的区域倾斜，为了应对 21 世纪人口急剧增长、基础设施衰败、气候变化等问题的挑战，2006 年美国开展了"美国 2050"空间战略规划，研究构建美国未来空间发展的基本构架。2009 年美国按照人口密度、增长率、增长量等指标确定了 11 个巨型都市区域（覆盖

31% 的县、26% 的国土面积、74% 的人口）作为交通规划优先投资区域，其在确定国家基础设施投资计划组成方面发挥重要作用。

8.1.2 日本

日本人口经历了聚集期、疏散期、向东京圈"一极"聚集期、减少及高龄化期、急剧减少期。作为世界首个进入老龄化社会的国家，日本人口以 2008 年的 1.28 亿为顶点开始减少。预计到 2050 年，人口将不足 1 亿，人口高龄化比例也将提高到 38%。人口分布方面，东京圈人口规模"一极"独大，2014 年东京圈净流入人口 11 万，2015 年人口占全国人口的 25%。受东京圈强大的人口"黑洞"吸引，预计到 2040 年日本小于 1 万人的自治体将达到 523 个（约占29.1%）。日本共开展了七次全国综合开发计划，前四次是人口向大城市与东京圈聚集后，开始进入"网络化"交通的大发展大建设期。首先通过新干线、东京—大阪—神户高速公路等交通建设，推进城市间大规模设施供给，疏解大城市人口；接着建设以市中心为核心的放射状交通干线与连接各地区中心的交通干线，抑制产业和人口向大城市集中；最后在全国范围内形成高速交通体系，矫正人口和产业向东京单极集中的趋势。后三次综合开发计划背景是日本经济进入低速增长和人口进入规模缩小、老龄化阶段后，"生态都市""网络城市"和"紧凑城市"理念出现，指导思想从"增长型规划"向"收缩型规划"转换，交通由"增量规划"转向有效利用存量，通过重点发挥新干线的作用，实现城市间的互联互通和相互协作，使其能够维持与城市功能相匹配的人口规模。

8.1.3 英国

1982 年以来英国人口逐年增长，2020 年人口约为 6 710 万，预计到 2041 年人口将达到 7 200 万，其中移民是英国人口增长的主要动力。英国人口增长分布也呈现出"人随产业走"的特点。20 世纪人口增长主要集中于曼彻斯特等西北地区的传统工业城市，后来传统制造业急剧萎缩，传统工业城市人口也持续流失。目前，人口聚集增长点位于伦敦及英国东南地区。英国人口演变的另一个显著趋势也是人口老龄化，预计到 2050 年，英国老年人口将占总人口的 25%。英国交通规划建设注重加强人口增长地区基础设施存量优化与新型基础设施建设。20 世纪经济与人口快速发展时期，英国基本完成了主要交通实体线网建设，近年来交通设施的投资比重很小。但是，由于目前全国铁路出行量与城际铁路出行量较20世纪90年代翻一番，分别达到每年15亿人次与1.28亿人次，西海岸主线部分区段运力已经达到极限，到2040年全国铁路客运需求仍将增长45%～66%。需求增长与设施老化的矛盾促使英国政府开展新一轮的交通基础设施更新建设。一方面开展交通基础设施存量优化，包括投资175亿英镑更新升级铁路系统，以及聚焦智慧公路、低碳公路、地方公路等公路修缮与道路系统升级改造等，实现设施网络全面升级；另一方面加强重大新型交通基础设施建设，2020年英国政府发布的《国家基础设施战略》明确超过270亿英镑的战略性道路投资计划，以及高速铁路第二期投资建设，连接英国8个大的城市，服务20%英国人口的通勤与城际出行。

8.2 交通基础设施建设注重区域与城乡协调

8.2.1 美国

美国在《联邦公路法》（1921）颁布之后，公路建设明显加快，并于20世纪30年代前期，基本实现了人口中心城市之间的两车道公路连通的建设目标。进入20世纪60年代，为了形成全国一体化的公路网络，提升路网整体运输能力，推进经济发展，美国政府颁布《联邦资助公路法案》（1956），开始建设规模庞大的美国州际公路系统（又称艾森豪威尔州际及国防公路系统）。同时，联邦政府通过高速公路信托基金对高速公路建设提供大量功能性拨款，用以大规模的洲际高速公路建设。受此影响，美国于1965年基本建成了以高速公路为主干的一体化全国公路网络，并于20世纪90年代初基本建成美国州际公路系统。州际公路系统连接美国几乎所有主要城市，建设了总计超过68 000千米的高速公路，占现有美国高速公路总里程75%以上。在大规模建设过程中，美国政府逐步认识到交通建设对于平衡区域发展的巨大作用，开始将发展重心从城市转向郊区和乡村，公共资源优先配置在大城市以外地区，引导社会资源流向郊区及乡村，其中修建规模巨大的州际高速公路系统的影响尤为突出。1956年，美国国会通过了《联邦援助公路法》，政府出资90%、州政府出资10%，着手修建州际公路系统，促使公路网深入郊区与偏远乡村，为城市人口分散提供了交通条件。20世纪60年代，美国开始施行阿巴拉契亚山区公路扶贫政策，将其作为阿巴拉契亚地区经济和社会发展规划的核心，该政策惠及 2 300 万人和 399 个县城，覆盖面积达到 52 万平方千米，到 1998 年已累计投资 46 亿美元，完成总长5 335 千米规划目标的 75%。

8.2.2　德国

经历第二次世界大战后，德国铁路和航道受损严重，国土东西分治。为加快战后经济复苏，尽快恢复交通基础设施和扶持新兴的汽车工业产业，20 世纪 50年代起德国政府开始了大规模的公路基础设施建设。公路运输市场的快速发展和汽车工业的空前繁荣，也为 20 世纪 70 年代以后联邦德国经济的迅速发展提供了巨大的动力。1990 年两德统一，西德地区的生活水平及人均所得明显高于东德地区，德国的经济布局重新调整。德国政府在统一状况报告中强调，弥合东西部差异的唯一出路，就是通过加大投资、加快创新和提高东部企业国际化水平，使东部经济发展提速。在此背景下，德国政府开启了"德国统一交通工程"，全面均衡公路、水路、铁路等多种运输方式的投资规模。德国交通部最新规划文件 BVWP2030（规划年限为 2016 年到 2030 年）中对道路的改建和新建工作的要求是：从地域间的公平性的角度来评价目前的道路是否需要新扩建，原则上要在能够盈利的情况下，优先对跨州（地域）的道路进行相关的改修和新建工作。

8.2.3　日本

日本是世界上人口密度最大的国家之一，多年发展形成了以东京、大阪、名古屋为中心的三大都市圈，其他区域为地方圈。为改善人口在大都市圈、地方圈的分布偏差，提高人口流动效率，日本策划了推动三大都市圈经济一体化的"超级巨大区域"计划。在东海道新干线等交通线网的基础上，新建连接三大都市圈的新型高速交通：磁悬浮中央新干线，形成贯通日本的第二条"东西大动脉"，着力构建东京—大阪—名古屋一小时出行圈，促进三大都市圈人口等要素高效便捷流动与平衡分布，提高日本整体活力，形成持续的发展与增长动力。同时依托磁悬浮中央新干线的中间站点，大都市圈与地方圈的交通便利性也大幅提升，推动"二地域居住"（两个地区居住）、"二地域生活、就业"（两个地区居住与就业）等新型生活方式发展，促进地区间人口的双向流动，提高地方活力。

在城乡交通协调方面，自 1970 年开始，日本大力建设城乡道路和城乡轨道交通系统，提高了城乡居民出行和物流的机动性和可达性。特别是随着小汽车的普及，日本逐步引导居民乘坐公共交通出行，轨道交通成为大力开发推广的城乡交通方式，以轨道交通为骨干，日本注重运输组织的协调性，轨道交通与长途客车、公共汽车等其他交通方式有机衔接，大大便利了居民出行换乘。近年来，日本人口老龄化加剧，特别是在许多农村地区，65 岁以上的人口已占总人口的1/3，比日本整体进入老龄化社会提前了 30 年。同时，日本大量农村人口向东京、大阪等大城市迁移，农村人口持续减少，导致农村公共交通运营收入缩减，据调查，85% 的日本农村公交运营商入不敷出。为解决这一问题，日本大力推广"出行即服务"（MaaS），基于数字技术，为旅客提供"一站式 + 定制化"的出行服务。

除了居民出行，物流配送也成为农村交通面临的挑战。日本在主要城市都建有专业化的农产品运输枢纽，沿海港口、高速公路、干线铁路及航空枢纽遍及全国。日本在 2007 年乡村公路的密度就已达 3.16 千米 / 千米 ^{2}，位居世界第一。日本农林水产省为促进本国农产品流通业的发展，进行了一系列现代化物流设施建设。为提高农产品流通效率，日本采用先进的冷链物流运输技术，保障了农产品在流通过程中的质量安全。日本农产品批发市场具有完善的物流设施，在 70 多个大中型批发市场建立了分支机构，农产品加工、包装、物流配送都十分便利。各大批发市场均建立了先进的信息系统，缩短了农产品交易的时间，大大加快了农产品流通速度。

8.3 开展交通基础设施长期性能观测与战略性维护

8.3.1 美国

美国多数公路和铁路建成于 20 世纪 80 ～ 90 年代，因此，基建设施老化的情况较为严重。根据美国土木工程师协会（ASCE）对于美国基础设施评估的报告，到 2039 年，美国的基建问题将导致美国 GDP 损失 10 万亿美元，失去 300 万个工作，以及在未来 20 年间损失 2.4 万亿美元出口。为了应对这一问题，美国有预见性地开展了交通基础设施的长期性能观测、数据分析工作，并成为一项长期实施的国家战略。早在 1984 年，美国就在其战略公路研究计划（SHRP）中启动了有关路面长期性能（LTPP）的研究。为确保路面长期性能研究顺利开展，美国建立了完备的道路长期性能观测网，观测站点达到了 2 581 个（截至 2019 年 12 月），主要采集道路基本信息、气象交通量、路面荷载、路况数据等，数据库由美国联邦公路局下设的路面长期性能工作组统一管理。

2021 年，拜登政府推动实施的《基础设施投资和就业法案》要求美国对基础设施建设增加大量投资，其中明确指出 1 100 亿美元用于道路和桥梁、390 亿美元用于公共交通、660 亿美元用于铁路、550 亿美元用于污水处理设施，以及数十亿美元用于机场、港口、宽带互联网和电动汽车充电站的建设。以公路为例，在美国，五分之一的高速公路和主要道路及 45 000 座桥梁状况不佳。新法案将重新授权地面运输计划五年，并投资 1 100 亿美元的额外资金来修复美国的道路和桥梁，并支持重大的转型项目。

8.3.2　日本

20 世纪 60 年代，日本掀起了长达 40 年的基建狂潮。1960 年《国民所得倍增计划》推出多项经济发展政策，进一步推动了人口向城市群集中。城镇化建设叠加列岛改造计划、申奥成功、人口快速增长等因素，共同推动了日本基础设施需求的井喷式增长。

东京周边及其他相关地区借奥运会的"东风"，建成了包括东京到大阪新干线在内的许多大型社会基础设施。其实，不仅限于东京奥运会前后，在长达近 30 年的高速增长时期，整个日本列岛几乎到处都大兴土木，集中建设了大量的公路、桥梁、隧道及上下水道等设施。这些设施使用年限多为 50 年，因此当年建设的许多设施如今已经或者即将迎来使用时限。在这一背景下，近年来新干线车站、桥梁、隧道等基建设施事故频出，已经成为日本社会的一大安全隐患。2022 年日本国土交通省统计显示，全国大约 74 万处桥梁和隧道中，超过 3.3 万处标记了"亟待修缮"或"早期修复"的桥梁和隧道无人管理。其中，6 967 座桥梁、74 个隧道超过 5 年没有修缮。

日本政府已认识到问题的严重性，国土交通省专门成立"社会资本老朽化对策会议"，制订了"基础设施长寿化计划"。一方面通过检查、修缮确保安全，另一方面因为人口减少等原因，一旦断定不需要的情况下就要推进废止或拆除。但对交通在内的基础设施进行维修管理面临着巨大的挑战。

首先，当前的日本经济重金融轻实体，公共设施建设日渐被遗忘。根据日本方面的调查，到 2033 年日本几十万座公路桥、隧道、水闸迎来"50 大寿"的比例都在 60% 上下。现在的技术为前提，到 2033 年度的维持管理和更新费用将为4.6 万亿～ 5.5 万亿日元，这还不包括用地费、补偿费和灾害修复费。很多地方政府和相关部门都没编列这部分资金。其次，地方和中央财政都面临巨大压力。与经济高速增长期不同，现在日本经济已陷入低增长或零增长，从中央到地方普遍"钱紧"。日本的绝大部分基础设施主要由地方负责维持管理，但日本地方政府中有 70% 以上已陷入"慢性财政困难"，约有 60% 的地方政府认为以现在的预算规模无法进行修缮。最后，人员和技术方面也面临重重困难。随着老龄化和"少子化"的加重，日本的人口正在减少，其中大都市圈以外的地方更为严重。许多地方政府土木建设部门的职员寥寥、技术能力不足，连检查的质量都难以保证，所以普遍感到无力招架。

8.3.3　英国

老牌发达国家英国的基础设施建设起步早，目前很大一部分基础建设已经服役超过 70 年，甚至部分超过 120 年，目前所有公路、铁路均处在养护维修阶段，新建项目并不多，大多是旧的基础设施更新辅以新建，来提供新的交通基建设施以满足需要。在长期的交通基础设施养护工作中，英国推动基础设施养护维修规范化，总结发展出了一套比较完整的英式养护维修规范。

以公路为例，根据英国交通部 2021 年 2 月 4 日发布的《Road Lengths in Great Britain 2020》，截至 2020 年底，英国公路里程将达到 24.75 万英里（约 1英里 ≈ 1.6 千米），其中主要公路里程为 3.18 万英里，次要公路里程为 21.57 万英里，占比分别为 12.8%、87.2%。英国的高速公路、桥梁和隧道几乎全是免费使用，交通部下属的 HIGHWAYS ENGLAND（HE）负责公路的管理。以公路桥梁为例，桥梁道路设计手册第三卷提供了一系列桥梁检查、养护、评估和修缮的规范。有关检查的规范详细规定了类型、频率、记录和入档的要求。HE 雇佣了本国最好的工程咨询公司研发了一套应用广泛的桥梁状况指标，以便于桥梁检查记录标准化。目前，桥梁的情况需要通过检查提供专门的数据，以进行现有承载能力的评估计算。评估的规范包括了评估技术要求、荷载的转变、现存高危结构形式和疲劳，以及常见桥梁病害。一些常见的桥梁加强和维护也包括在规范的修缮部分里，如后张法桥梁的加强、修缮和监测，以及金属桥梁的养护等。养护维修的规范化提供了有效的质量保证和一致性，从而降低了基建管理的成本和风险。

8.4 综合交通运输服务注重均等协同衔接

8.4.1 美国

20世纪80年代开始，美国政府逐步放宽对公路、铁路、航空、航海等运输市场的管制，取消了运输公司在市场准入、经营路线、联合承运、合同运输、运输费率、运输代理等多方面的审批与限制，提出建设一个安全、方便和经济有效的运输系统。为进一步提高运输效率，美国国会于1991年通过了《陆上综合运输效率法案》（ISTEA，简称冰茶法案），规定陆上运输方式之间的协调与分工。冰茶法案由8章组成，规定了建立国家公路系统，明确由联邦政府为15.5万英里的国家州际公路系统维修和扩建补助80%的经费，并提出经费补贴的细节规定，以便更好地保障运输服务的均等化和协同性。另外，冰茶法案专门对联运单独成章，鼓励发展全国性的联运系统，以统筹运输系统的整体性和一体化。20世纪90年代后期，随着交通拥堵、交通污染、土地资源浪费等问题的严峻，美国交通运输发展由以联邦投资州际高速公路为核心转变为以可持续发展为目标的综合运输发展转型，进一步提出了《面向21世纪的运输平衡法案》（TEA-21）。TEA-21提出要以先进技术促进综合交通运输各方式间的紧密衔接和高效配合，特别对智能交通系统发展作了部署，以提升各运输方式的服务效率。2012年，奥巴马政府制定发布《21世纪交通进步法案》（MAP-21），该法案的指导意义在于，一方面，在综合性交通运输法的制定过程中，需要关注交通安全、国土利用、经济发展、人口分布、社会公平、社会和谐、社区发展、生态环境、节能减排等多元化发展方向，关注运输服务的协同性和均等化；另一方面，在发展过程中，逐步倾向于发展紧凑型、网络化的交通运输系统。

在交通运输发展实践中，美国注重综合交通各运输方式间的有机衔接和一体化发展，在规划、设计和建设的各个环节，高度重视综合枢纽和大型换乘中心的建设，以便解决好各种交通方式之间、综合交通网点与线之间、城市对外交通与内部交通之间的协调与连接，实现各种交通方式的立体、无缝、便捷连接。同时，充分利用大型、高速、集装化、标准化的先进运输装备，广泛采用智能交通、无纸贸易、电子收费等信息系统，实现各种设施、设备、服务和信息的标准化与规范化，提高综合运输效率。通过不同运输方式的有效衔接，较好地满足了客户对交通运输提出的方便、快捷、安全、经济、适时、无缝隙连接和零距离换乘等方面的需求；并促进运输服务企业由单一运输企业向多式联运、快递、物流、跨运输方式企业联盟和供应链集成商发展，提高运输服务水平，促进了美国物流业加快发展。

8.4.2 德国

德国建立了以铁路车站为纽带的空—铁融合对接机制，将枢纽车站间的铁路线路纳入航空运输体系，通过虚拟航班实现旅客"一票制"空铁联程联运。以德国法兰克福机场为例，依托德国重要的工商业、金融和交通中心，法兰克福机场在二战以后迅速成为欧洲最重要的国际枢纽机场之一。2001 年 3 月，法兰克福机场、汉莎航空和德铁集团联合推出空铁联运服务 AIRail，实现了真正意义上的"一票到底"。所谓"真正意义"主要体现在三个方面：一是实现了航空和铁路客票的一体融合。法兰克福机场空铁联运两段行程真正集成在一张联程票上，乘客既可以在航空公司官网、机票代理机构直接购买，也可以在任意铁路自动售票机上购买电子票。二是实现了航空和铁路时刻的充分对接。德国铁路通过优化既有列车时刻表、提高列车频率等方式，大幅提高了衔接精准度，使得旅客联程出行的意愿越来越强。"空铁联运"服务开通后仅一年，法兰克福机场的高速列车数量飞速增长了 280%。三是实现了航空和铁路利益共享风险共担。汉莎航空和德国铁路建立了利益共享、风险共担机制，具体包括联程运输票价优惠政策、联运旅客行程延误解决方案、退改签制度、特殊旅客保障等方面的紧密合作。法兰克福机场的空铁联运模式将民航与高铁这两种不同的交通模式进行衔接，充分发挥民航与高铁在远程与中短途运输、国际与国内运输上的各自优势，使二者在速度、区位、客源及线路上形成互补，将空中交通网与地面交通网有效连接起来，最终形成"空—地"一体的立体交通网络，为旅客提供更加便利的一体化服务。

8.4.3　日本

日本于 2013 年制定了《交通政策基本法》，对交通均等化和协同性作出了原则性规定。一是区域交通的均等化和协同性，要求在保障国民日常生活及社会生活的运输过程中，考虑与各离岛相关的交通及自然、经济、社会条件限制的影响，尽量保障通勤、通学、就医及其他人与货物的顺畅交通。二是覆盖人群的均等化，要求为老人、残疾人、孕妇及携带哺乳婴儿的家长群体提供顺畅便捷的交通服务。三是交通基础设施的衔接，强调完善综合交通运输体系，促进铁路、公路、水运、航空等各交通方式基础设施的衔接。四是运输组织的协同衔接，要求保障准时性（按设定的时刻表运行和发到），提高速达性（逐步缩短到达目的地的时间），保障舒适性、换乘顺畅性及各交通节点机能集约化（交通设施及周边的设施中大量乘客进出与换乘的便利性）、运送合理化。

在实践层面，自 20 世纪 70 年代，日本政府开始逐步认识到包括航空运输、高速公路和高速铁路在内的城市高速干线运输体系的建设重要性，加强基础设施建设，构建城市高速干线运输体系成为该阶段日本交通发展的重点。1960 年日本航空客运量只有 110 万人次，到 1980 年发展到 4 260 万人次，年均增长近 20% 左右，航空运输在全国旅客运输中的作用日益提高，以东京、大阪为中心的航空运输体系逐步形成。在 20 世纪 70 年代的基础上，依托全国国土综合开发计划，日本基本形成了城市间的高速干线运输体系，通过扩大网络覆盖范围，提高运输能力，加强航空运输、高速公路和高速铁路间的协调，民众可以更多地享用高速化的运输服务。2020 年，日本高速铁路和高速公路的通车里程分别达到 3 422 千米和 8 050 千米。大规模的基础设施建设，促进了遍布全国、运作高效的高速干线运输体系的建立，为综合运输体系的建设奠定了基础。同时，在大规模基础设施建设过程中，日本政府重视落后地区的交通网络建设，不断加强落后地区与发达地区的经济联系，通过颁布《北海道开发法》（1950）、《东北开发促进法》（1957）、《海岛振兴法》（1953）和《山村振兴法》（1965）等法律，加大对落后地区和半岛、海岛等特殊地区的扶持力度。

在微观层面，日本综合客运枢纽经过几十年的建设和发展，在枢纽的规划、设计和布局研究方面积累了丰富的经验，已形成一体化、集约式、无缝衔接的综合客运枢纽交通衔接布局体系。在东京、大阪这类用地紧张、人口密度大的城市，高铁站与市级轨道交通车站、城市功能中心进行一体化建设，利用枢纽的换乘大厅进行纵向换乘的"垂直换乘"模式极为常见。日本大阪站站房与南门、北门大厦结合建设成一个综合体，新干线、JR、地铁与商业、餐饮、娱乐、酒店等城市功能区以层叠的方式进行组织，通过电梯、自动扶梯、连廊等交通设施将交通功能与城市功能进行垂直设置，提高了整体的经济性。

8.5　交通运输发展注重对弱势群体权益的保障

8.5.1　美国

美国将老年人、残疾人和低收入人群视为特殊群体，即交通弱势群体，其中老年人在交通弱势群体中占比较大，相关交通政策制定和技术应用针对整个交通弱势群体。

法律层面，美国《民权法》确保了民众平等享有联邦财政支出所产生的社会福利，其第六款专门规定，保护个人和群体不以种族、肤色和原国籍为由，在接受联邦财政援助的项目和活动中遭受歧视。在美国，少数族裔等低收入群体主要依赖公共交通出行，该条款约束了政府必须向公共交通持续资助，进而保障少数族裔等低收入群体的基本出行权利。1965 年，美国国会通过了《美国老年人法》，并经历了几次修订。《美国老年人法》规定联邦政府要设立联邦老年署，而各州要设立地方老龄局，并向为老人提供技术支持和改善交通授权拨款。1990 年美国国会通过的《美国残疾人法》规定，提供常规固定线路（除通勤巴士线路外）的公交公司必须同时为残疾人（许多是老年人）提供辅助工交和其他特殊交通服务，并要求其服务水平和服务时间与为非残疾人提供的常规公交服务相等。

行政层面，美国各届政府均重视对弱势群体交通权益的保护。拜登政府提出了正义 40 倡议，计划将 40% 的联邦投资收益分配给弱势社区，以应对和解决数十年来对弱势社区的投资不足问题。该倡议允许美国运输部优先考虑并支持那些有利于农村、郊区、部落和城市社区的项目，这些社区通常面临着难以获得经济可负担、公平、可靠和安全的交通服务的障碍。在该倡议框架下，美国运输部还将评估交通项目对弱势社区的负面影响，并考虑是否有必要在项目开发过程中以有意义的方式咨询当地社区的领袖。此外，美国国家 RTAP ADA 工具包中概述了农村交通机构为残疾人提供出行服务而必须遵守的主要法规、标准和指南。除联邦政府层面外，美国各州的相关组织也开展各类项目向弱势群体倾斜，以促进交通公平，如明尼苏达州的 Growth & Justice，华盛顿州的 Samish Indian Nation 等。Growth & Justice 作为专业化组织，专注于详细的政策研究和制定。Growth & Justice 的工作广泛关注推进经济可持续增长和生活质量提升的双重目标，同时强调利用发展成果来增强社会公平。Growth & Justice 标志性的交通倡议是"明尼苏达州交通运输的智能投资"，重点是提升全州的交通可达性，减少明尼苏达州交通行业的能源使用和负面环境影响，以支持经济的发展。Growth & Justice 建议重点维护和改善明尼苏达州的区域间走廊系统，该系统连接双子城（明尼苏达州的明尼阿波利斯与圣保罗组成双子城）、德卢斯、罗切斯特、穆尔黑德和全州其他重要区域中心，并且支持为低收入者提供更好的道路运输服务（公路运输为明尼苏达州的主要运输方式）。

措施层面，美国针对私人汽车、公共汽车、辅助公交服务、需求响应等方面采取了相对完善的适老助老措施。私人汽车方面，美国 75% 以上的老人住在郊区，私人汽车成为大多数老人的主要交通工具。由于老年人的视觉、听觉和行动能力衰退，交通部门必须在道路交通规划和设计方面进行改进，改善与汽车相关的基础设施，确保老人能够安全驾驶。例如，在与驾驶行为直接相关的方面，交通标识的色彩应当明亮和鲜艳，以引起老年人的注意；对老年人驾驶执照的延期要严格控制，对他们的身体状况须进行预先的详细检查。此外，在驾驶与步行相关联的方面，信号灯配置时要考虑老年人的步行速度和穿越马路的时间需要，必要时设置老年人中间停靠点；在人行横道前安放交通警示标志，以提醒开车者和行人注意交通安全。公共汽车方面，美国 65 岁以上老人很少乘坐公共交通出行，为了吸引老人乘坐公共交通，公交车和车站做了适老化改造。

8.5.2　日本

日本的交通运输发展始终以满足国民运输需求为主要目标，坚持以人为本的发展理念，提供优质高效的运输服务。为了确保高质量、高效率的交通系统和实现社会公平，日本大力发展以轨道交通为骨干的公共交通，满足居民必要的出行需求和减少城市拥堵。早在 2000 年 5 月，日本就出台了《为促进老年人、残疾人出行无障碍化的法律》，即《交通无障碍法》。为了实现公共交通设施，包括与现有各基础设施之间的无障碍化，国土交通省根据交通无障碍法还编制发布了一系列技术标准。日本针对弱势群体推出的交通无障碍化主要体现在交通站场与装备无障碍化、城市空间无障碍化、出行服务无障碍化 3 个方面。

（1）交通站场与装备无障碍化

基于日本《交通政策基本法》，要求交通基础设施发展实现老人、残疾人、孕妇及携带哺乳婴儿的家长等群体在日常生活及社会生活中的顺畅通行，国土交通省对现行的客运设施、车辆、客船分别制定了符合无障碍出行相应的标准和规范及配套指南。对包括车站、火车站、轨道交通枢纽修建电梯等无障碍设施提供补贴或政府贷款。建立财政贷款和地方政府金融机构的贷款制度，用于对地方公共企业的交通项目无障碍化改造。对企业投入无台阶公交车、配备升降机的公交车、福利出租车、超低地板 LRV 路面电车，对客船无障碍化改建（无障碍厕所和电梯）等项目提供低息贷款和政府补贴。政府鼓励民营企业进行轻轨（LRT）等轨道公共交通的建设和使用。此外，日本提供了诸多个性化的交通配套工具，如日本地铁设置了妇女专用车厢。

（2）城市空间无障碍化

国土交通省认为通过城市无障碍化，可以构建一个老年人、残疾人自由活动并积极参与的城市和社会环境。首先，将以车站、公交站等枢纽为中心的街区无障碍化，逐步推进包括公交枢纽、沿街建筑、道路等一体化、综合的无障碍环境，公交枢纽作为步行、机动车、公共交通等不同交通方式的连接点，完善其包括车站广场、人行通道、廊道、沿线建筑的无障碍配套设施。其次，在旧城改造和新城规划建设时，打造综合性福祉型城区。国家向地方政府提供资金支持，取消建筑物的出入口台阶，在地铁入口安装电梯，除常规补贴以外，对重建项目中的无障碍设施，与福利设施相结合的公共道路、停车场的建设追加补贴。再次，保障安全放心的道路，制定发布无障碍标准对路面宽度提供了更多的选择。2008年 12 月，国土交通省将老年人、残疾人经常使用的道路指定为"特定道路"，特定道路必须满足一定宽度的人行道、改善的台阶、斜坡和坡度要求，并推动道路无电线杆化、过街天桥安装电梯。在医院或车站等封闭区域内引入无台阶摆渡车、代步电梯，在市中心和公共设施周围设置融雪设施。

（3）出行服务无障碍化

在出行服务方面，政府推出了为轮椅使用者或者身体不舒服、有残疾的人所使用的福利出租车，国土交通省对运营福利出租车的公司进行补贴，对乘客也会进行优惠券等形式的优惠政策。2004 年，经济产业省制定了一套用于老年人、残疾人出行支援的"电子信息设备信息提供方法标准（JIST0901）"，期望利用 IT 等新技术使老年人、残疾人积极参与社会经济活动。此外，还对老年人、残疾人在使用公共交通时提供票价优惠的政策，在一些道路的禁停区对带有残疾人标识的车辆免除处罚。提供无障碍化出行信息服务系统，日本有"观光立国"的国家战略，鼓励包括残疾人在内的所有人安全出行，国土交通省在 2018 年 8 月编制发布了《酒店无障碍信息传播手册》，2019 年 4 月编制了《旅游区无障碍信息手册》，并支持酒店和旅馆进行无障碍化改造。同时，公益机构交通生态流动基金会运营支持老年人、残疾人轻松出游的无障碍信息服务网，提供包括无障碍设施信息、施工或危险路段提醒、路线规划和引导、周边服务设施等内容，支持英文界面和智能手机浏览，在全国约 8 000 个车站提供无障碍信息。

8.5.3　新加坡

2022 年，全球商业倡议"The Valuable 500"在《世界旅游交易会》发布了一项针对 3 500 名来自澳大利亚、中国、日本、英国和美国的残障旅客的调查结果，新加坡被列为全球对残障旅客等弱势群体最友善的十大城市之一。在交通方面，新加坡针对残障人士的出行需求设置了诸多无障碍设施，体现出细致周到的人文关怀。例如，新捷运推出了"出行友伴"计划，该计划专门培训新捷运员工熟悉残障人士搭乘捷运公交出行的一系列操作，陪同有需要的残障人士搭乘公共交通，并协助残障旅客熟悉地铁和巴士路线。值得一提的是，这项"出行友伴"服务是免费的，残障旅客预约服务后，当天可在指定地点同出行友伴会面，并一同前往目的地。普通公交方面，新加坡公交站台设置有专门的残障旅客等车位，公交车上设计带有可折叠的铁板，帮助残障旅客乘坐轮椅登车，车上设计有专门固定轮椅的固定位，位置后方设计软垫以缓冲，把手上还安装了残障旅客上下车铃，到站后，公交司机会放下铁板，帮助残障旅客安全下车。此外，城市道路、地铁站、停车场都设置有专门供残障人士通行使用的设施，便于其出行。

新加坡是一个年轻的国家，但也是亚洲老龄化速度最快的国家之一。根据 2022 年新加坡人口简报，新加坡 65 岁及以上公民已从 2012 年的 11.1% 增至

2022 年的 18.4%。到 2030 年，约四分之一（23.8%）公民年龄将在 65 岁及以上。作为一个地狭人稠的城市国家，可供养老服务与设施建设的用地较少，如何在此基础上应对严峻的养老问题，打造适老、宜居的环境，是新加坡需要面临的挑战。新加坡陆路交通管理局发现，与老年人相关的交通事故持续高发，且发生地多为居住区内。因此，新加坡从 2014 年起启动"乐龄安全区"项目，根据交通设施情况改进交通运输服务，为老年人打造更安全和方便的出行环境，鼓励他们保持活跃生活。以最早试点的红山乐龄安全区为例，实施该项目后，该地区车辆平均降速约 15%，涉及老年行人的交通意外事故数量下降了 80%。红山地区在社区出行适老化的改造策略主要有以下 4 个方面。

（1）软硬兼施敦促安全区车辆限速

新加坡陆路交通管理局通过行政命令的方式将乐龄安全区内的车速限制为 30 千米 / 小时。除了行政规定，乐龄安全区还通过路面改造引导车辆降速。比如红山乐龄安全区对车行道的平面、剖面及附属设施进行了多方位改造，设置弯曲路、微环岛、减速带等。在较长的直行机动车道路上设置弯曲路，可以在不改变车行道宽度的前提下，将道路改为弧形线路，促使驾驶员降低行驶速度；用三角标记令车道看似更狭窄，也是督促驾车者减速。

（2）更长的绿灯与更体贴的安全岛

尽管车辆的速度降了下来，但是老年人步行速度缓慢，仍然有交通隐患。考虑到老年人步行速度缓慢的问题，红山乐龄安全区首先是在较宽的道路中心设置"安全岛"，从而可以使行动能力较弱的老年人分两次横越马路，增加途中休息、观察应对的时间。其次，红山乐龄安全区中的人行道绿灯时间根据老年人过街时长专门做了调整，设置了更长的人行道绿灯时间，让老年人可以慢慢走。包括红山乐龄安全区在内，新加坡绝大多数的人行道交通灯上都安装了特制阅卡器，老年人只要用随身携带的交通卡轻触阅卡器，交通灯的电脑系统就会延长"绿人"信号五秒钟。

（3）把出行适老延伸至生活区

除了出行本身，乐龄安全区还把出行适老延伸至生活区，如给公交候车椅设置扶手，方便老年人坐下和起身，为地面井盖等金属表面进行防滑处理，防止老年人雨天滑倒。红山乐龄安全区还完善了路口、人行道等处的夜间照明，给老年人夜行安全增添了一层保障。在半失能老年人密集区域，乐龄安全区通过设置路面起拱，巧妙地消除了路缘石的高差，保证轮椅可以无障碍通行。同时，将路面标识立在路前，可以提示过往车辆需充分注意使用轮椅的老年人的通行安全。针对盲人或视力减弱的老年人，乐龄安全区马路前后还设置了局部盲道地面和眼睛形状的"看"（Look）标识，充分照顾老年人因感官知觉老化而在出行中面临的不便。

（4）丰富用地功能属性

如果社区内和周围的地块功能过于单一化（如某个区域只有商业，某个区域只有医疗），那么老人就不得不为满足生活不同的需求而多处奔波。因此，在红山乐龄安全区，新加坡的建设单位同规划部门一起，将区域内地块单一的居住属性调整为多功能，并改扩建了商业、餐饮等社区生活服务设施，从源头上避免了老年人多次跨越机动车道路的长距离出行，又增加了社区活力。

9 我国人口发展主要趋势及对综合交通的影响

9.1 我国人口发展趋势研判

9.1.1 人口规模：人口负增长时代到来

人口因素变化缓慢但势大力沉，影响重大深远。

2023 年 1 月 17 日，2022 年国民经济运行情况新闻发布会召开，国家统计局发布了 2022 年全国人口数据，2022 年末全国人口（包括 31 个省、自治区、直辖市和现役军人的人口，不包括居住在 31 个省、自治区、直辖市的港澳台居民和外籍人员）141 175 万人，比上年末减少 85 万人。全年出生人口 956 万人，人口出生率为 6.77‰；死亡人口 1 041 万人，人口死亡率为 7.37‰；人口自然增长率为 –0.60‰。我国正式进入人口负增长时代。

不同机构和组织对我国人口规模增长情况进行了预测，如表 9–1 所示。《国家人口发展规划（2016—2030 年）》预测，我国人口总规模增长惯性减弱，2030 年前后达到峰值。中国社会科学院联合社会科学文献出版社于 2019 年发布的《人口与劳动绿皮书：中国人口与劳动问题报告 No.19》预测：中国人口将在 2029 年达到峰值 14.42 亿，从 2030 年开始进入持续的负增长。

部分机构预测我国人口规模达到峰值的时间则更为提前。联合国《世界人口展望 2022》预测中国总人口在 2022 年 1 月 1 日为 14.259 25 亿人，7 月 1 日为 14.258 87 亿人。按照上述数据，2022 年 7 月 1 日的中国总人口比 1 月 1 日减少 38 万人，也就是说，2022 年 7 月 1 日中国总人口已经进入负增长。梁建章、任泽平牵头组建的人口相关公共政策研究智库"育娲人口研究"在其发布的《中国人口流动预测报告 2022 版》中预测，2040 年中国常住人口总量约为 13.45 亿，在 2021 年左右达到峰值。中国人口与发展研究中心在其主办的世界与中国人口展望数据发布暨低生育率应对研讨会上预测中国未来人口发展主要呈现 14 亿人口零增长、出生人口进入 1 000 万平台期、劳动年龄人口 9 亿以上且素质不断提升、老年人口突破 4 亿规模、高龄人口规模翻番、社会总抚养比快速上升、超过 10 亿人居住在城镇地区等七大趋势。中共国家卫生健康委党组 2022 年 8 月在《求是》杂志发表了题为《谱写新时代人口工作新篇章》的文章，明确指出中国当前人口面临五大难题，第一条就是随着长期累积的人口负增长势能进一步释放，总人口增速明显放缓，"十四五"期间将进入负增长阶段（表 9–1）。

表 9–1　相关组织机构对中国人口规模的预测

序号	我国人口峰值预测	人口峰值年份预测	来源
1	14.5亿	2030年前后	《国家人口发展规划（2016—2030年）》
2	14.42亿	2029年	中国社会科学院、社会科学文献出版社《人口与劳动绿皮书：中国人口与劳动问题报告No.19》
3	14.26亿	2022年	联合国《世界人口展望2022》
4	14.13亿	2021年	育娲人口研究《中国人口流动预测报告2022版》
5	14亿规模	未来呈现人口零增长	中国人口与发展研究中心，世界与中国人口展望数据发布暨低生育应对研讨会
6	14亿规模	"十四五"期间将进入负增长阶段	中共国家卫生健康委党组，《求是》杂志《谱写新时代人口工作新篇章》

总体来看，根据历次人口普查数据分析，中国人口高速甚至于超高速增长的时期已渐行渐远，人口惯性增长阶段正渐趋尾声，人口负增长的时代则渐行渐近，进入人口负增长时代已经成为各方共识。

9.1.2　人口结构：老龄化程度持续加深

国际上通常的看法是，当一个国家或地区 60 岁及以上老年人口占人口总数的 10%，或 65 岁及以上老年人口占人口总数的 7%，就意味着这个国家或地区进入老龄化社会。按照上述标准，我国已于 1999 年进入老龄化社会，是较早进入老龄化社会的发展中国家之一。根据第七次人口普查数据，2020年，我国60岁及以上人口已达2.64亿人，占总人口的比重达18.7%，比2010年上升了5.44个百分点；65岁以上人口达到1.91亿人，占总人口比重达13.5%，比2010年上升了4.63个百分点。2021年，60岁及以上人口2.67亿人，占全国人口的18.9%，其中65岁及以上人口2.01亿人，占全国人口的14.2%。根据相关标准（65岁以上人口占总人口的比例为14%），我国已经进入深度老龄化社会。根据相关机构预测，2021年我国进入深度老龄化社会之后，将在2033年左右进入超级老龄化社会，届时，65岁及以上老龄人口占比将超过20%。特别需要注意的是，我国人口老龄化水平呈显著的城乡倒置特点，全国老龄化工作委员会办公室预测，21世纪农村人口老龄化程度将始终高于城镇，差值最高的2033年将达到13.4个百分点。

人口老龄化是社会发展的重要趋势。随着老龄化程度持续加深，世界一些相关国家和地区经济社会发展受到的影响越来越明显。目前，日本、意大利、德国、瑞典和法国等国家已经进入超老龄社会，韩国预计在2025年进入超级老龄化社会。人口老龄化将对经济社会带来巨大影响。经济增长方面，人口老龄化使劳动年龄人口数量相对乃至绝对减少，同时，劳动年龄人口中大龄劳动力比重将提高，导致经济增长乏力。财政方面收支，税收和财政收入将减缓，养老、医疗等社会保障支出将增加，财政收支失衡加剧，政府直接投资和间接引导投资的能力将减弱。社会服务方面，老龄化人口将对出行、支付等服务的"适老化"需求猛增，而目前"适老化"公共服务的政策体系尚不健全，高质量产品和服务供给整体不足，"适老化"供需矛盾将更为突出。

9.1.3 人口分布：向沿海和中心城市、城市群加速聚集，警惕农村"空心化"

人口分布从区域分布和城乡分布两个角度来看。

从区域来看，未来我国人口将持续向大都市圈、城市群聚集。从南北看，未来南北人口数量差距进一步扩大，随着总人口进入负增长阶段，南北人口均有收缩，但南方收缩规模明显小于北方。从四大区域看，人口继续向东部聚集，中部、西部、东北地区人口规模进一步减少。从省份看，人口持续由经济欠发达地区流向经济发达地区，广东、江苏、浙江、福建等省份人口持续流入，东北三省人口持续流出。从城市层面看，预计一、二线城市人口持续聚集，但增速放缓，三线城市人口由流入转为流出，四线城市人口流出速度加快。

从城乡来看，近年来产业和人口加快向中心城市等优势区域聚集，"两横三纵"城镇化战略格局基本形成，19个城市群承载了全国约75%的常住人口，贡献了近85%的地区生产总值，成为带动我国经济社会发展的主要动力源。预计到2035年，我国城市化率将在75%以上，全国60%以上的人口会围绕北京、天津、上海、广州、重庆、成都、武汉、郑州、西安等9个中心城市形成的京津冀、珠三角、长三角、长江中游、四川盆地、西安咸阳、郑州开封等7大城市化区域。围绕中心城市和城市群的城市公共服务配套设施改善将是未来社会服务提升的重点。城市化的另一个重要问题是农村"空心化"和农村人口"老龄化"。2020年，我国脱贫攻坚取得了决定性胜利，继而进入全面推进乡村振兴的新阶段。长期以来，大批农村青壮年外出务工，很多村庄出现了"人走房空"现象，并由人口空心化逐渐演变为人口、土地、产业和基础设施整体空心化的局面。2000—2001年我国乡村人口和村庄个数变化情况如图9-1所示，长期来看，我国乡村数量一直在减少，2000年，我国村庄数量为353.7万个，而到了2020年，村庄数量减少为236.3万个，减少了33.19%。值得注意的是，虽然农村"空心化"问题严峻，但农民工回流县城趋势在加快，县城已经成为乡村人口流入、推进就近城镇化的重要载体，而完善县城公共服务供给就成为应对人口分布新趋势、推进乡村振兴的重要举措。

图 9-1　2000—2020 年我国乡村人口和村庄个数变化情况

9.1.4 人口流动：规模长期下降，结构深入演变

改革开放 40 多年以来，我国人口流动的本质特征是由农村流向城市、由中西部流向东部沿海，而中国人口的地域观念和户籍制度则是形成人口往返式流动的根本原因，即人口流动始终以户籍地为原点流向经济发达的东部沿海及本省城镇，特别是北京、上海、广州、深圳等一线城市是长期以来人口流动的集中吸引源。随着我国人口发展进入新阶段，人口流动一些新的趋势将更加显现。一是流动人口规模将趋于长期下降。劳动力是流动人口的主力军。从人口角度来看，未来我国人口呈低出生率、低死亡率和低自然增长率，老龄化、少子化和农村空心化的"三低""三化"特征，随之劳动力供求出现劳动力人口下降、适龄劳动力人口下降、劳动参与率下降和就业人数下降的"四降"特征。据统计，1987 年，我国出生人口数量高达 2 508 万人，对应 2003 年新进入劳动力市场的人口达 2 400 多万人。到了 2003 年，我国出生人口减少到 1 594 万人，对应 2019 年新进入劳动力市场人口数量只有 1 400 多万人。2022 年，我国新出生人口仅为 956 万人，可以预见，到 2038 年，新进入劳动力市场人口为 900 万人左右。由此可以预测，未来我国流动人口总量将趋于长期下降，城市和区域发展面临人口下降挑战。二是人口流动需求趋向多元。长期以来，外出农民工是流动劳动力的一大部分，是流动人口的缩影，也形成了城乡流动的二元主体结构。随着我国新型城镇化建设的不断深入，外出农民工规模在 2020 年出现负增长，长期来看将缓慢下降，来自农村的流动人口将在城市定居，最终转化为城市人口。城市群内部城际的人口流动、以都市圈为半径扩散的通勤人口流动等区域性人口流动将会成为未来人口流动新的增长点。此外，旅游购物、商务差旅、短期劳务派遣、医疗输送等短距离、高频率的非迁移性人口流动需求将更为旺盛。传统上以男性劳动力为主的流动人口结构将趋向多元化，未来更多女性、儿童和老人将参与流动。三是人口流向由一线城市向中心城市演变。随着北、上、广、深等一线城市人口政策收紧，近年人口明显呈现向重庆、杭州、成都、厦门、苏州等"新一线"城市分散流动的趋势，未来我国人口将继续向核心城市聚集，形成城市群、都市圈。特别是人口流动将由跨省流动向省内中心城市流动转变，省内中心城市（通常是省会或非省会经济强市）成为人口流动的最大出口。

9.2 人口变化趋势对综合交通运输发展的影响

9.2.1 人口负增长：交通基础设施建养压力巨大

中华人民共和国成立以来，我国交通运输实现了由"瓶颈制约"到"总体缓解"再到"基本适应"的历史性转变，交通基础设施建设完成了从"有没有"到"够不够"的历史性任务，目前正在着力解决"好不好"的问题。当前，交通运输基础设施与服务已基本同经济社会发展相适应，总体上基本能够满足经济发展所需要的货物流动和人员出行需求。在人口负增长的长期趋势下，劳动力减少、有效需求下降、消费支出减少等一系列可能的连锁反应，或将导致经济增速下降，进而导致包括交通基础设施在内的基础设施利用率下降，基础设施养护支出成本压力增大。

以公路为例，当前公路基础设施存量规模较大，2020年总里程为519.8万千米，公路养护里程达到514.4万千米，公路养护一般公共预算支出决算金额达885.83亿元，"十三五"期间公路日常养护投入与养护工程投入分别达2 587亿元、7 898亿元。20世纪90年代大规模建设的公路及2005年前后大规模修建的农村公路将进入周期性养护高峰期，养护资金缺口巨大，普通公路资金缺口约占50%。根据《收费公路管理条例（修订草案）》征求意见稿，新建的收费公路只能是高速公路，停止新建收费一、二级公路，存量收费一、二级公路将随着收费期满或政府提前回购等方式逐步停止收费。2011年，收费公路收支差额由正转负，此后收支缺口不断增大，2020年全国收费公路通行费收支缺口为7 478.2亿元，收费支出用于还本付息占比为83.0%，养护支出仅占6.0%。非收费公路的养护资金主要依赖财政资金，在减税降费力度不断加大、地方政府隐性债务压力较大、基础设施建设需求仍然存在的背景下，地方政府用于公路养护的支出能力受限。

在人口负增长趋势下，经济下行风险较大，交通基础设施养护将面临更大压力，因此可以重点考虑引入社会资本参与交通基础设施建养管全过程，同时以优化交通体系和提升服务质量为抓手，适度控制道路建设增量，扩大公共交通覆盖范围，提升供给服务质量，降低公共交通费用，鼓励居民使用公共交通出行，进而减少个人车辆使用所引致的交通拥堵和环境污染等问题。

9.2.2 深度老龄化：适老化运输服务体系需求激增

据预测，到 2050 年我国老龄人口将达 5 亿，深度老龄化社会的到来对综合交通运输提出了更高的要求，老年友好型交通运输规划建设成为重要议题。从老年人口的群体特征来看，老年群体的出行具有两大特点：一是出行时耗、出行距离及出行频率随年龄增长有所下降。中国人口福利基金会于 2021 年发布的《老年人出行现状调查报告》显示，75% 的老年人日常出行距离不足 5 千米，21%的老年人出现距离不足 1 千米，出行由刚性的通勤需求向购物、休闲、医疗等生活化需求转变，95% 的老年人出行主要为了买菜、逛公园、看病、接送孩子，目的地多为社区生活圈内的大型商业体和公共服务设施，出行时间多集中在白天非高峰时间。二是更加关注出行的安全性、舒适性和便捷性，公共交通和慢行交通成为我国老年人重要出行方式。同样根据《老年人出行现状调查报告》，100 位老人里，有 6 位曾在熟悉的环境中迷路，当出行距离较远时，100 位老人里有 64位需要家人接送；当打车时，74% 的老人只会在路边招手打出租车。根据公安部道路交通安全研究中心相关研究，随着我国老年人口的持续增加和老龄化趋势加速，道路交通事故造成的老年人伤亡率呈上升趋势。"十三五"期间，老年人年均肇事交通事故起数同比"十二五"上升 163.2%，交通事故导致老年人年均死、伤人数同比"十二五"分别上升 62.5% 和 74.3%，交通事故中死亡的老年人在总死亡人数中的占比从 2015 年的 25.77% 增加到 2019 年的 37.18%，受伤的老年人在总受伤人数中的占比从 15.50% 增加到 23.44%。因此，如何为老年人提供安全、便捷、舒适的交通服务成为交通运输应对人口老龄化的重点内容。

面对老年人日益增长的多层次、多样化、规模化的出行需求，我国交通运输系统适老化发展还面临诸多问题和挑战。一是老年人出行保障的政策法规体系尚不完善。近年来，老年人出行问题得到了社会各界广泛关注，特别是随着智能技术在交通等领域的广泛应用，为老龄人口的便利出行带来一定的挑战。国家出台了便利老年人出行的相关政策，如交通运输部等部委联合印发的《关于进一步加强和改善老年人、残疾人出行服务的实施意见》《关于切实解决老年人运用智能技术困难，便利老年人日常交通出行的通知》，交通运输部多年连续发布《持续提升适老化无障碍交通出行服务工作方案》等指导意见，各地政府出台便利老年人出行的保障措施。但总体来看，现行法规政策层级还不高，部分地区对适老化出行服务工作的认识还不到位，尤其广大农村地区适老化交通服务保障认识严重不足。适老化、无障碍出行服务保障制度和部门责任体系尚不完善。交通运输适老化、无障碍出行服务环境建设涉及基础设施、车辆装备、运输服务、信息无障碍等内容，涉及规划、建设、运营、管理全链条，是一项系统工程，需要交通、发改、住建、工信、民政等多领域、多部门协同配合、合力推进，但目前多部门、多层级的协同工作机制尚待完善。二是适老化交通出行服务水平有待提升。目前，我国老龄人口出行多以公共交通和慢行交通方式为主，而围绕公共交通的设施、服务适老化改造还远不能满足需求。在标准体系方面，目前，公路、铁路、水路、民航、邮政、城市公共交通适老化、无障碍出行服务相关标准内容仍相对分散，还缺少对于服务流程、服务操作、应急处置等方面的规范性要求，标准的系统性、可操作性有待进一步提高。在设施配置方面，部分地区机场、火车站、汽车客运站、客运码头等场站存在爱心通道、重点旅客优先通道等设置不足，优先通道未充分利用等问题。城市交通出行无障碍信息服务相对滞后，难以满足老年人、残疾人及时、准确获取出行信息的需求。例如，公交车站普遍没有配置能满足老年人乘车及获取乘车信息的无障碍设备，在常用的出行导航软件中也缺乏无障碍出行导航模式；客运场站无障碍设施服务水平低，地板公交车、无障碍出租汽车推广应用低，老年人代步车使用规范不健全。慢行交通也存在步行空间狭窄、休息设施缺乏、存在通行障碍等问题，慢行空间的安全性和舒适性有待提升。

9.2.3　人口分布区域分化：交通运输网络布局失衡矛盾突出

未来以胡焕庸线为界的全国人口分布基本格局保持不变，城市群人口聚集度加大，人口向大城市集中的趋势愈发突出。预计到 2030 年，农村向城镇累计转移人口约 2 亿人，近年来城市人口继续向东部城市和中西部热点城市流动，但东部城市人口增量有所减少，中西部城市有人口回流现象，人口分布的宏观格局略微趋向均衡化。预计未来自西向东的人口迁移流动特征将逐渐弱化，向区域多中心方向发展。我国交通基础设施规模和面积密度，与我国区域经济社会发展水平和经济地理格局，即"胡焕庸现象"基本适应。目前，高速公路、普通铁路、机场在"胡焕庸线"以东区域较为密集、以西区域面积密度较小，这与我国人口分布和经济布局相适应。但"胡焕庸线"以西区域，每人或每车、每经济单位所拥有的铁路、高速公路、运输机场资源又高于全国平均水平，更高于东部地区，体现交通基础设施建设在西部地区积极发挥交通运输的基础性、先导性作用，也力争实现交通基本公共服务均等化的国家要求。

区域层面，对比人口演变发展，我国综合交通基础设施呈现能力不足与建设超前并存的问题。能力不足表现为：铁路方面，铁路货物运输西南、西北、出关、南下及东部等重点通道运能不足，存在区段性瓶颈制约，如京沪线徐州—蚌埠段、京广线长沙—衡阳段、沪昆线上海—杭州段等。公路方面，公路干线通道部分繁忙区段车道数不足，如早期建成通车的国家高速公路京沪、京哈、京港澳、连霍等部分区段已频繁出现拥堵现象，亟须开展扩容改造。机场方面，大型机场的基础设施建设滞后，国内大型繁忙机场在跑滑系统、机位等飞行区设施方面存在不同程度的资源紧张情况。北京、上海、广州、成都、重庆、厦门等城市的机场跑道运行容量紧张，随着大型机场航空业务量逐年攀升，依据设计标准设置的机位资源呈现日趋紧张的趋势，主要表现在高峰时间容量不足、机位设计不合理、大型机位设置不足等方面。建设超前表现为：部分地区的交通基础设施建设过多领先于当地经济发展水平，在现有交通设施运能供给超前、利用不充分的情况下，仍然大规模新建基础设施，同时缺乏对基础设施结构规划的统筹协调、建设标准的科学把握和建设时机的合理判断，对各种运输方式基础设施建设齐头并进，加速规模扩张，造成新建设施效益难以达到预期，利用不足，能力过剩。由于不同运输方式的资源消耗和生产效率差异显著，不同建设标准、建设时点带来的资金负担和维护成本也差异显著，因此，部分地区对交通模式、建设标准和建设时机把握的不合理，不但造成基础设施贡献的经济效益未达预期，还带来较大的资源消耗、巨额的资金负担和长期的维护成本投入，发展代价大，影响交通运输业健康、可持续发展。

城乡层面，近年来，城乡交通一体化进程持续提速，农村交通安全问题愈加受重视，农村交通管理水平不断提升。具体而言：一是农村交通固定资产投资逐年增加，总里程逐年提升。2022年，全国农村公路完成固定资产投资4 733亿元，同比增长了15.6%，新建、改建农村公路超过了18万千米。二是农村公路管养水平不断提升。截至2022年底，有农村公路管理任务的县（市、区）农村公路"路长制"的覆盖率达到了98.7%，道路养护市场化、专业化、机械化水平稳步提高。三是农村运输服务不断完善。当前，具备条件的乡镇与建制村已实现 100% 通硬化路与 100% 通客车。但对标人民日益增长的美好生活需求和农业农村现代化发展需求，依然存在诸多不足。一是东西部农村交通发展不均衡，与东部地区相比，西部地区政府相关政策支撑程度有限，交通基础设施建设总体滞后，是制约当地农村经济产业发展的民生短板。二是农村公路管养模式和技术手段有待创新，目前较多地区将主要精力和有限资源投入到经济建设中，对农村公路管理养护工作重视程度不够，"重建轻养、只建不养"较为突出。三是农村路网和配套设施有待完善，农村公路沿线服务设施匹配度不足，缺少集客运点、物流点、公共厕所、停车场、休息场所和农产品直卖场于一体的多功能乡村驿站。四是农村人口持续流出为农村交通基础设施建养带来压力。改善农村交通基础设施是实施乡村振兴战略的重要工作，也是农村经济产业发展的重要支撑，但未来农村人口持续向城市流入趋势是可以预见的，这就为农村交通基础设施建养带来巨大压力。以农业大省山东为例，由于山东省农村公路总规模巨大，农村公路日常巡查、小修保养、路面保洁、路肩修整、绿化安保等养护管理工作任务繁重，且按照设计使用年限 8 ~ 10 年测算，2003—2006 年集中突破、合力攻坚实施的农村公路改造项目已经进入周期性养护高峰期和大修、改造期，油返砂压力十分巨大。资金方面，山东省农村公路建管养资金主要来源于各级人民政府安排的财政资金、村民委员会利用行政能力筹集的资金、企业投资和社会各界捐助和利用路域资源开发经营权等市场化方式筹集的资金。山东省农村公路筹资渠道中，贷款融资、社会捐助、群众筹集、市场运作等方式筹集的资金相对较少，多元筹、融资形式并没有真正的形成，且农村公路建管养主体为地方交通部门，随着近几年环保压力加大，导致各项原材料价格不断上涨，致使建设和养护成本不断提高，地方交通部门承受着巨大的发展压力，配套资金跟不上，还需靠省级以上财政进行兜底，资金使用效果不佳，无法达到预计效果。

9.2.4　出行及物流需求多样化：交通运输建设服务需注重提质增效

居民出行需求方面，由于经济社会发展水平不断提升，城市化发展不断深入，特别是人口流动呈现出新趋势，传统出行结构和模式都将发生深刻变化。此外，双碳战略的深入实施和新一代技术革命的深入推进都将对居民出行带来深远影响，高品质、多样化、绿色化、个性化的需求不断增强。面向未来，居民出行需求主要呈现以下几个方面的变化：一是出行规模不断增长。随着城镇化进程的不断加快，我国城市规模迅速增加，人口规模不断扩大，出行总量和出行距离将大幅增长。与传统人口迁徙为主要目的的人口流动不同，城市群内部城际的人口流动、以都市圈为半径扩散的通勤人口流动等区域性人口流动将会成为未来人口流动新的增长点。此外，旅游购物、商务差旅、短期劳务派遣、医疗输送等短距离、高频率的非迁移性人口流动需求将更为旺盛。二是出行结构深刻演变。其中一个典型趋势是小汽车出行比例将进一步上升。经济条件的改善和生活水平的提高，带动汽车保有量快速增长，近年来我国机动化出行比例迅速上升。据麦肯锡统计，全世界的汽车保有量达到 13 亿辆，其中大部分是私家车。美国每千人拥有 868 辆汽车，挪威 635 辆，墨西哥 391 辆。我国 2022 年每千人汽车保有量仅为 226 辆，相比之下，我国小汽车保有量还有较大的增长潜力。所以在可预见的未来 10 ~ 15 年，我国小汽车出行总量和占比仍会保持高水平的增长。与之相对应的，道路营业性客运规模将受到冲击，其在综合交通运输体系中的地位将由骨干作用转变为末站衔接作用，中长途城际出行需求将主要由铁路分担。三是出行模式趋向多元。居民出行需求一方面促使交通运输提供新的产品供给，另一方面也将受到交通运输技术变革的影响。出行目的日益多样化，出行链的组成更为复杂，人们生活出行更为活跃、丰富，休闲娱乐等非刚性出行需求增加。随着无人驾驶、5G 网络的深度应用，交通载运工具、运输组织模式也正处于颠覆性变革进程中，这些变革使居民高品质、个性化的出行需求更易获得。因此，居民高品质的出行体验需求越来越旺盛，定制化需求增多，对出行服务的便捷性、舒适性、安全性都提出了更高要求。

物流需求方面，未来货运需求仍将稳中有升，高价值、小批量、时效性强的物流需求快速增加。从运量来看，根据相关规划预测，"十四五"期间全社会货运量年均增长 2.3%，快递业务量年均增长 15.4%，公路货运量增速放缓，铁路、民航货运量增速加快，水路货运量稳中有升，电商快递将保持快速增长态势。从服务来看，伴随着制造业的产业升级，货运物流将实现高质量的结构化升级。不论是大宗货物运输还是零担快运，端到端的一体化服务将成为未来货物运输的主流趋势，铁水联运、空铁联运、公铁联运、公水联运等多运输方式融合一体化的需求旺盛。尤其与居民日常生活息息相关的快递物流方面，产业迁移导致货源从原先的华东、华南区域集中向更多元的发货地演化，新兴区域如华中、西南等将为零担货运带来新的增长点。

10 综合交通运输应对人口变局的重点策略研究

10.1　合理规划分配综合交通运输线网资源

　　人口流动聚集与经济增长存在着相互促进的作用，繁荣稳定的经济增长态势又可以为交通基础设施建设维护提供充足的资金。反之，人口流失将会对当地经济带来冲击，一味增加交通基础设施供给，不仅不能吸引人口聚集，反而会造成资源浪费，为后续基础设施养护带来巨大压力。应着眼区域人口规模发展趋势，统筹人口与交通基础设施水平，着眼未来各省份、各板块、重点战略区域人口规模及增长趋势，合理分配、规划、建设综合交通运输线网资源，通过交通运输跨区域的统筹布局、跨方式的一体衔接、跨主体的多元竞争、跨领域的协同发展，服务区域重大战略和区域协调发展战略的实施，增强区域发展的平衡性。例如，通过分析区域交通网络规模与人口协调性，东北地区人口流失严重，铁路、公路等交通基础设施建设与人口变化方向相反，新建交通基础设施应慎重考虑，应警惕交通基础设施供给过剩、使用效率低、养护压力大等问题。湖北、江西、安徽、四川、云南等 5 省 2010—2020 年的公路里程增长显著快于人口增长，这些区域应进一步评估交通线网资源建设的必要性，尽量减少基础设施建设过快造成的资源浪费。北京、江苏、上海、浙江、广东 5 省市在 2010—2020 年公路里程增长慢于人口增长，这些地区也属于未来人口聚集的重点区域，新建交通运输线网资源应重点考虑布局该部分地区，满足经济运行的基本物流需求和人员出行需求。需要指出的是，西藏、青海、新疆等部分地区虽然人口增长迅速，但人口总量少，公路基础设施负荷很小，仅靠交通收入难以支撑庞大的基础设施建养投资，因此，对以区域面积为主要影响因素的提升基础设施覆盖率的做法应保持审慎态度。

10.2　多措并举提高综合交通基础设施养护投入

　　考虑未来人口分布与流动区域的不均衡性，特别是部分地区人口负增长的趋势，交通基础设施养护压力将与日俱增，应尽快建立交通基础设施养护长效机制，提高养护投入。在交通基础设施建设过程中应充分考虑各地区人口增长情况，新建基础设施要后期养护问题，建立"建管养"一体化运营管理模式，做好交通基础设施建设、管理与养护等的衔接与协调，还要避免养护资金被建设需求挤占。以公路为例，财政资金方面，一方面要制定和落实对于不同等级公路的养护标准，确保一定比例的资金用于公路养护，并建立根据里程、成本等变化相关的动态调整机制。另一方面拓宽财政资金来源，中央适当加大对地方养护相关的转移支付、税收返还，将其他收入来源（如超限超载罚款）用于养护，同时积极盘活财政存量资金、资产对公路养护资金进行补充。政府可探索建立公路养护专项基金，为公路养护建立长期可持续的资金来源。由于公路养护缺乏相应的收入来源，拓展市场化资金的难度较大，可充分挖掘公路项目的开发潜力，加大公路沿线及周边的土地综合开发，积极探索将公路相关附属设施等有收益项目与公路养护挂钩。在东部沿海等经济发达地区，应继续鼓励民间资本进入基础设施领域，放宽相关市场准入限制，推动公路养护领域适合事项从"直接提供"转向社会"购买服务"。推动养护作业单位转企改制，促进其提高经营效率。引导加大对公路养护技术研发投入，提升养护工艺、设备的科技水平。

10.3　完善城市群一体化综合交通运输体系

针对京津冀、长三角、粤港澳大湾区、成渝、长江经济带等重点战略区域，应针对人口发展特征构建更符合区域发展需求的综合交通运输体系。未来我国城镇化进程将以城市群为单元深入演变，城市群将成为承载人口聚集流动的主要载体。未来城市群综合交通运输体系建设应进一步实现整合协同、高效衔接，实现交通一体化，即实现交通网络一体化、枢纽一体化、运输一体化。网络一体化方面，从目前已发布的城市群规划看，区际交通、城际交通网已充分考虑整合衔接，但城市交通和都市圈交通还考虑不够，服务大都市圈的市域（郊）铁路、城市轨道等在城市群规划中尚没有直接体现。但网络一体化建设也要考虑实际运营需求和运营效果。例如，中西部的中原城市群、长江中游城市群、成渝城市群，由于人口流动需求增长缓慢，目前建成运营的城际铁路基本都在大范围运营亏损，实际运营效果也不理想，因此，交通基础设施网络一体化建设需要充分评估人口增长流动、物资运输等经济社会发展需求，充分论证投入产出。枢纽一体化方面，应着眼于面向城市群的铁路、公路、水路、航空等多种运输方式高效衔接，综合交通枢纽的建设要考虑未来人口流动聚集需求、考虑与城市功能空间布局相协调。运输一体化方面，要着眼出发地到目的地全流程、全尺度的速度，要高度重视出行两端的"最后一千米"和中途的"接驳换乘"环节。

在区域内部空间尺度上，一要根据区域人口流动网络的中心性和交通线网布局现状，重点打造区域性综合交通枢纽；二要以城际铁路、市域（郊）铁路、城市轨道交通、城市快速路等为骨干，提供都市圈一小时公交化通勤客运服务；三要优化通勤交通空间体验，缩短人的时空感受，营造通勤文化，提高都市圈通勤服务品质，打造都市圈一小时通勤圈。在区域协调发展空间尺度上，对于京津冀地区，其交通发展要服务北京非首都功能疏解，重点疏通与周边城市的联系通道，建设"一环一线六射"的区域轨道交通网络，有效整合北京市域范围以及河北省域范围的众多人口和产业密布的节点城市，完善一小时生活圈周边区域的高速公路网，改善区域交通条件；对于长三角地区，全力推动长三角交通高质量一体化，优化运输结构，构筑大容量集约化的轨道交通网络，加快构筑无缝换乘的综合交通枢纽，打通省际"断头路"，形成以骨干通道、城际辅助通道和联络通道组成的高速公路网，全方位推动互联互通；对于粤港澳地区，发挥香港作为国际航运中心的优势，带动大湾区其他城市共建世界级港口群和空港群，打通泛珠三角区域和东盟国家的陆路国际大通道，完善地面快速交通网络，加快沿海高速铁路建设，公交化运营城际铁路网，实现与国铁干线接轨，以及与城市轨道交通换乘互联。

10.4　打造高品质交通运输服务

未来我国人口结构将深入演变，旅客出行空间范围将进一步扩大，应努力提供多样化、定制化、品质化的交通运输服务，以适应日益丰富的旅客出行需求。作为运输服务承载基本单元的综合交通枢纽建设应进一步结合各地区人口增长与流动需求，补齐短板，优化布局，推动综合客运枢纽多交通方式站场集中布局、空间共享、服务协同。加强货运枢纽港站集疏运体系及联运换装设施建设。加强旅客联程运输发展，推广运输即服务（MaaS）理念，积极发展空铁、公铁、公空、公水、空水等模式。推进交通基础设施与运输服务的智能化和信息化管理，鼓励发展汽车租赁、定制客运、分时租赁等交通运输服务模式，引导、规范共享汽车、共享单车等新业态健康发展。着眼于居民近距离出行需求，加强城市静态交通管理，推广应用城市智能停车和共享停车，推动实施差别化停车收费政策。推动城市交通运输无障碍环境建设，着力实现交通出行零障碍。推动交通运输行业与关联产业深度融合，促进"交通+旅游""交通+休闲运动""交通+枢纽经济"等创新模式发展，促进游艇、自驾车、房车旅游，路岛观光旅游等的发展。

10.5　加快适老化交通运输服务建设

在此背景下，加快完善适老化运输服务体系成为应对老龄化社会的必然选择：一是转变行业价值理念，完善政策规划体系。加快交通发展价值理念从"以车为本"向"人民交通"转变，开展工作的着力点从"强基础设施建设"向"优运输服务"转变，在适老化和无障碍服务方面重塑"以人为本"的理念。综合交通运输体系规划和专项规划中，充分考虑交通无障碍建设的需求，同时以规划编制为抓手，强化交通规划的空间公平性，并作为前置条件。二是构建便捷高可达性的公交系统，增加安全舒适的慢行交通空间供给。通过增设途径公园、医院等地点的公交线路，提高公共交通站点密度等方式提升公交系统可达性，减少老年人步行距离和换乘次数；通过在公交站台设置候车座椅、车内突显"爱心座椅"位置、提供清晰站点语音播报等改善候车乘车环境；通过路面改造、增设过街安全岛、完善步行系统辅助设施等优化慢行交通空间，有效提升慢性交通舒适度。三是突出科技赋能，建立老年友好理念的交通管理服务制度。围绕老年人出行服务场景，加强无障碍信息通用产品、技术的研发与推广应用，研发适应于老年群体服务需求的交通出行服务产品，解决老年人运用智能技术的"数字鸿沟"问题。紧密结合老年人使用需求，加强交通的数字化应用开发，在铁路客运站、汽车客运站、客运码头、民用运输机场、城市轨道交通车站、城市公共交通枢纽等场所及交通运输工具上提供便于老年乘客识别的语音报站和电子报站服务，积极推广应用微信、微博、便民热线预约服务等方式，为老年人提供多样化、便利化的无障碍出行信息服务。四是健全适老化出行标准体系，加强无障碍标准需求调研，对各类交通基础设施、公共交通工具的无障碍化标准进行完善补充，进一步提高针对老年人出行的服务水平和服务意识。针对区域经济发展不平衡、城乡结构差异化较大的实际情况，制定详细的针对不同老年群体、不同地区的适老化交通服务政策。

10.6 稳慎推进建设农村交通基础设施

随着"四好农村路"建设的深入推进，城乡基础设施互联互通水平有了较大幅度的提高，为促进乡村振兴和全体人民共同富裕奠定了坚实基础。同时也要看到，我国交通运输发展特别是农村地区交通基础设施建设与运输服务还存在一些短板，不平衡、不充分问题仍然突出。《中共中央　国务院关于实施乡村振兴战略的意见》对推动农村基础设施提挡升级作出部署，"十四五"规划纲要提出"加快建设交通强国"，并强调"因地制宜推动自然村通硬化路，加强村组连通和村内道路建设"，2022年中央一号文件提出"扎实开展重点领域农村基础设施建设"，这为新时代、新阶段更好地发挥交通先行作用、促进乡村振兴和共同富裕指明了方向。既要兼顾公平，有力支撑乡村振兴战略的深入实施。应加快形成和完善城乡综合运输服务体系，加快推进农村地区交通运输通道连片成网，特别是继续抓好"四好农村路"建设，提升农户出行便捷水平，降低农村交通运输成本；畅通城乡交通运输连接，推进县乡村（户）道路连通、城乡客运一体化，解决好群众出行"最后一千米"问题；畅通城乡要素双向流动渠道，促进城乡资源整合、优势互补和地方特色产业蓬勃发展；加强交通基础设施的管理、养护和运营，提高城乡交通运输公共服务均等化水平。又要着眼效率，考虑部分地区乡村人口日益减少的演变趋势，稳妥审慎推进农村交通基础设施建设，避免交通基础设施资源浪费及日后管理维护带来巨大的压力。一是坚持民生思维，持续推进农村交通基础设施高质量发展。强化现有道路的管理和养护，深入实施新一轮的农村公路建设和改造工作，通过提升骨干路网工程建设，加快基础路网延伸完善工作，打造覆盖范围广泛、服务水平一流、安全保障有力的农村公路路网体系。二是坚持数字思维，强化数据对交通的服务支撑能力。依托大数据等技术加强农村道路的精细化规划，补齐农村道路点多、线长、面广带来的监管短板，打通农村综合治理的数据堡垒，实现农村地区交通管理信息资源的深度融合。三是坚持系统思维，实现"交通＋农业＋农村"融合发展。通过持续的农村公路建设创造就业岗位，吸引部分农民工就近就业增收；加快农村公路发展与沿线的配套设施、产业园区、旅游景区、乡村旅游等建设一体推进，大力发展"路衍经济"，实现"因路而兴""因路而富"。

附　录

附表 1　我国历次人口普查人口数量及年龄结构

年份	人口数量 /亿人	年均增长率 /%	各年龄段人口比重/%			
			0～14岁	15～59岁	60岁及以上	65岁及以上
1953	58 260	/	36.28	56.40	7.32	4.41
1964	69 458	1.61	40.69	53.18	6.13	3.56
1982	100 818	2.09	33.59	58.79	7.62	4.91
1990	113 368	1.48	27.69	63.74	8.57	5.57
2000	126 583	1.07	22.89	66.78	10.33	6.96
2010	133 972	0.57	16.60	70.14	13.26	8.87
2020	141 178	0.53	17.95	63.35	18.70	13.50

附表 2　我国四大经济区域第六、七次人口普查人口数量及老龄人口比重

	2010年 人口 /万人	2 010老龄人口 （60岁及以上） /万人	占2 010总 人口比重 /%	2020年 人口 /万人	2 020老龄人口 （60岁及以上） /万人	占2020 总人口比重 /%
东部地区 人口	50 619.12	6 656.75	13.07	56 371.71	10 340.58	18.89
中部地区 人口	35 674.88	4 764.67	13.20	36 469.44	6 898.87	18.98
西部地区 人口	36 035.78	4 801.04	12.00	38 285.23	6 803.93	16.00
东北地区 人口	10 951.31	1 536.99	13.89	9 851.49	2 390.14	24.00

附表3　我国四大城市群第六、七次人口普查人口数量及老龄人口比重

	2010人口/万人	2010老龄人口（60岁及以上）/万人	占2010总人口比重/%	2020人口/万人	2020老龄人口（60岁及以上）/万人	占2020总人口比重/%
京津冀城市区	11 440	1 517.17	13.13	11 747	2 151.46	20.48
长三角城市群	14 349	2 070.73	15.04	16 508	3 451.72	21.56
珠三角城市群	5 611.8	453.75	8.09	7 801.4	835.19	10.71
成渝城市群	9 905	1 750.05	18.03	10 275	2 400.77	23.92

附表4　我国4个直辖市及大陆地区27个省会城市第六、七次人口普查人口数量

地区	2010年人口规模/万人	2020年人口规模/万人	年均增长率/%
北京市	1 961.24	2 189.31	11.63
上海市	2 301.91	2 487.09	8.04
天津市	1 293.82	1 386.60	7.17
重庆市	2 884.62	3 205.42	11.12
石家庄市	989.16	1 124	1.29
太原市	365.50	532	3.83
呼和浩特市	229.56	345	4.16
沈阳市	719.60	907	2.34
长春市	758.89	907	1.80
哈尔滨市	992.02	1 001	0.09
南京市	632.42	932	3.95
杭州市	689.12	1 197	5.68
合肥市	494.95	937	6.59
福州市	645.90	832	2.56
南昌市	502.25	626	2.23

续表

地区	2010年人口规模/万人	2020年人口规模/万人	年均增长率/%
济南市	604.08	924	4.34
郑州市	963.00	1 262	2.74
武汉市	836.73	1 233	3.95
长沙市	652.40	1 006	4.43
广州市	806.14	1 874	8.80
南宁市	707.37	875	2.15
海口市	160.43	289	6.06
成都市	1 149.07	2 095	6.19
贵阳市	337.16	599	5.92
昆明市	583.99	846	3.78
拉萨市	56.00	87	4.50
西安市	782.73	1 296	5.17
兰州市	323.54	437	3.05
西宁市	220.87	247	1.12
银川市	158.80	286	6.06
乌鲁木齐市	243.03	405	5.24

附表5　我国历次人口普查城乡人口规模及比重

年份	城镇人口/万人	农村人口/万人	城镇人口比重/%
1953	7 726	50 534	13.26
1964	12 710	56 748	18.3
1982	21 082	79 736	20.91
1 990	29 971	83 397	26.44
2 000	45 844	80 739	36.22
2 010	66 557	67 415	49.68
2 020	90 199	50 979	63.89

附表 6　2000—2020 年我国铁路（含普速铁路、高速铁路）营业里程与人口规模变化情况

年份	历年全国人口数/万人	高铁里程/万千米	普速铁路里程/万千米	铁路里程/万千米	人均铁路里程/（米·人⁻¹）	人均高铁里程/（米·人⁻¹）	人均铁路里程增长率/%	人均高铁里程增长率/%	铁路里程增长率/%	人口增长率/%	高铁里程增长率/%
2000	126 743	—	6.87	6.87	0.054 204	0.00	—	—	0	0	—
2001	127 627	—	7.01	7.01	0.054 893	0.00	1.27	—	1.98	0.70	—
2002	128 453	—	7.19	7.19	0.055 974	0.00	1.97	—	2.63	0.65	—
2003	129 227	—	7.30	7.30	0.056 490	0.00	0.92	—	1.53	0.60	—
2004	129 988	—	7.44	7.44	0.057 236	0.00	1.32	—	1.92	0.59	—
2005	130 756	—	7.54	7.54	0.057 693	0.00	0.80	—	1.39	0.59	—
2006	131 448	—	7.71	7.71	0.058 642	0.00	1.64	—	2.18	0.53	—
2007	132 129	—	7.80	7.80	0.059 007	0.00	0.62	—	1.14	0.52	—
2008	132 802	0.07	7.90	7.97	0.059 499	0.000 506	0.83	—	2.21	0.51	—
2009	133 450	0.27	8.28	8.55	0.062 060	0.002 022	4.30	299.94	7.32	0.49	301.89
2010	134 091	0.51	8.60	9.12	0.064 169	0.003 828	3.40	89.31	6.62	0.48	90.22
2011	134 916	0.66	8.66	9.32	0.064 224	0.004 893	0.09	27.80	2.27	0.62	28.59
2012	135 922	0.94	8.83	9.76	0.064 941	0.006 883	1.12	40.69	4.69	0.75	41.74
2013	136 726	1.10	9.21	10.31	0.067 373	0.008 066	3.74	17.18	5.65	0.59	17.87
2014	137 646	1.65	9.54	11.18	0.069 283	0.011 955	2.83	48.22	8.41	0.67	49.22
2015	138 326	1.98	10.11	12.10	0.073 112	0.014 341	5.53	19.96	8.18	0.49	20.55
2016	139 232	2.30	10.10	12.40	0.072 549	0.016 505	-0.77	15.08	2.50	0.65	15.84
2017	140 011	2.52	10.18	12.70	0.072 713	0.017 973	0.23	8.89	2.40	0.56	9.50
2018	140 541	2.99	10.17	13.17	0.072 397	0.021 278	-0.43	18.39	3.69	0.38	18.84
2019	141 008	3.54	10.45	13.99	0.074 136	0.025 097	2.40	17.95	6.29	0.33	18.34
2020	141 212	3.79	10.84	14.63	0.076 765	0.026 860	3.55	7.02	4.58	0.14	7.18
年均增长率	—	—	—	—	—	—	1.77	50.87	3.88	0.54	51.65

附表 7　2000—2020 年我国公路（含普通公路、高速公路、村道）里程与人口规模变化情况

年份	历年全国人口数/万人	公路里程/万千米	村道里程/千米	高速公路里程/万千米	普通公路里程/万千米	普通公路（含村道）里程/万千米	人均公路里程/（米·人⁻¹）	人均高速公路里程/（米·人⁻¹）	人均公路里程增速/%	人均高速公路里程增速/%	人口增速/%	公路里程增速/%	高速公路里程增速/%
2000	126 743	283.82	115.84	1.63	166.35	282.19	2.239	0.013	—	—	—	—	—
2001	127 627	292.19	122.39	1.94	167.86	290.25	2.289	0.015	2.24	18.19	0.697 5	2.950	19.02
2002	128 453	305.46	128.94	2.51	174.01	302.95	2.378	0.020	3.87	28.55	0.647 2	4.542	29.38
2003	129 227	316.48	135.50	2.97	178.01	313.51	2.449	0.023	2.98	17.62	0.602 6	3.605	18.33
2004	129 988	329.12	142.05	3.43	183.64	325.69	2.532	0.026	3.39	14.81	0.588 9	3.994	15.49
2005	130 756	334.52	148.60	4.10	330.42	330.42	2.558	0.031	1.04	18.83	0.590 8	1.642	19.53
2006	131 448	345.70	153.2	4.53	341.17	341.17	2.630	0.034	2.80	10.00	0.529 2	3.342	10.58
2007	132 129	358.37	162.165	5.39	352.98	352.98	2.712	0.041	3.13	18.30	0.518 1	3.665	18.91
2008	132 802	373.02	172.1	6.03	366.99	366.99	2.809	0.045	3.56	11.28	0.509 4	4.087	11.85
2009	133 450	386.08	183.00	6.51	379.58	379.58	2.893	0.049	3.00	7.36	0.487 9	3.503	7.88
2010	134 091	400.82	189.77	7.41	393.41	393.41	2.989	0.055	3.32	13.38	0.480 3	3.818	13.92
2011	134 916	410.64	196.44	8.49	402.14	402.14	3.044	0.063	1.82	13.92	0.615 3	2.449	14.62
2012	135 922	423.75	206.22	9.62	414.13	414.13	3.118	0.071	2.43	12.41	0.745 6	3.193	13.25
2013	136 726	435.62	214.74	10.44	425.18	425.18	3.186	0.076	2.20	7.93	0.591 5	2.801	8.56
2014	137 646	446.39	222.45	11.19	435.20	435.20	3.243	0.081	1.79	6.46	0.672 9	2.472	7.18
2015	138 326	457.73	231.31	12.35	445.38	445.38	3.309	0.089	2.04	9.81	0.494 0	2.540	10.35
2016	139 232	469.63	225.05	13.10	456.53	456.53	3.373	0.094	1.93	5.34	0.655 0	2.599	6.03
2017	140 011	477.35	230.08	13.64	463.70	463.70	3.409	0.097	1.08	3.60	0.559 5	1.644	4.18
2018	140 541	484.65	231.62	14.26	470.39	470.39	3.448	0.101	1.15	4.11	0.378 5	1.531	4.50
2019	141 008	501.25	242.20	14.96	486.29	486.29	3.555	0.106	3.08	4.55	0.332 3	3.424	4.89
2020	141 212	519.81	248.24	16.10	503.71	503.71	3.681	0.114	3.55	7.47	0.144 7	3.703	7.63
年均增率	—	—	—	—	—	—	—	—	2.52	11.70	0.542	3.075	12.305

附表8 2000—2020年我国城市道路长度及面积与城区人口规模变化情况

年份	历年全国人口数/万人	历年全国城镇人口/万人	历年全国城区人口/万人	城市道路长度/万千米	城市道路面积/万平方米	人均城市道路长度/米	人均城市道路面积/平方米	城镇人口增长率/%	城区人口增长率/%	城市道路长度增长率/%	城市道路面积增长率/%	人均城市道路长度增长率/%	人均城市道路面积增长率/%
2000	126 743	45 906	38 824	15.96	237 849	0.41	6.13	—	—	—	—	—	—
2001	127 627	48 064	35 747	17.60	249 431	0.49	6.98	4.70	-7.92	10.27	4.87	19.76	13.87
2002	128 453	50 212	35 220	19.14	277 179	0.54	7.87	4.47	-1.48	8.74	11.12	10.37	12.75
2003	129 227	52 376	33 805	20.81	315 645	0.62	9.34	4.31	-4.02	8.70	13.88	13.25	18.68
2004	129 988	54 283	34 147	22.30	352 955	0.65	10.34	3.64	1.01	7.17	11.82	6.09	10.71
2005	130 756	56 212	35 924	24.70	392 166	0.69	10.92	3.55	5.20	10.79	11.11	5.31	5.61
2006	131 448	58 288	37 273	24.14	411 449	0.65	11.04	3.69	3.76	-2.29	4.92	-5.83	1.10
2007	132 129	60 633	37 051	24.62	423 662	0.66	11.43	4.02	-0.59	2.00	2.97	2.61	3.53
2008	132 802	62 403	36 988	25.97	452 433	0.70	12.21	2.92	-0.17	5.51	6.79	5.69	6.82
2009	133 450	64 512	37 674	26.91	481 947	0.71	12.79	3.38	1.85	3.62	6.52	1.73	4.75
2010	134 091	66 978	39 469	29.44	521 322	0.75	13.21	3.82	4.76	9.40	8.17	4.43	3.28
2011	134 916	69 302	40 902	30.89	562 523	0.76	13.75	4.40	3.63	4.91	7.90	1.23	4.09
2012	135 922	72 175	42 227	32.71	607 449	0.77	14.39	3.21	3.24	5.89	7.99	2.57	4.65
2013	136 726	74 502	43 318	33.63	644 155	0.78	14.87	3.22	2.58	2.82	6.04	0.23	3.34
2014	137 646	76 738	44 528	35.23	683 028	0.79	15.34	3.00	2.79	4.77	6.03	1.92	3.16
2015	138 326	79 302	45 999	36.50	717 675	0.79	15.60	3.34	3.30	3.59	5.07	0.28	1.69
2016	139 232	81 924	47 713	38.25	753 819	0.80	15.80	3.31	3.73	4.79	5.04	1.02	1.28
2017	140 011	84 343	49 140	39.78	788 853	0.81	16.05	2.95	2.99	4.02	4.65	1.00	1.58
2018	140 541	86 433	51 152	43.22	854 268	0.84	16.70	2.48	4.09	8.65	8.29	4.37	4.05
2019	141 008	88 426	52 416	45.93	909 791	0.88	17.36	2.31	2.47	6.26	6.50	3.70	3.92
2020	141 212	90 220	53 763	49.27	969 803	0.92	18.04	2.03	2.57	7.26	6.60	4.57	3.94

附表9　2000—2020年我国农村公路里程与乡村人口规模变化情况

年份	乡村人口数/万人	县道里程/千米	乡道里程/千米	村道里程/千米	农村公路合计里程/万千米	人均农村公路里程/米	乡村人口变化率/%	农村公路里程增长率/%	人均农村公路里程增长率/%
2000	80 837	40.67	62.35	115.84	218.86	2.71	—	—	—
2001	79 563	46.4	81.4	122.39	250.19	3.14	−1.58	14.32	16.15
2002	78 241	47.12	86.56	128.94	262.62	3.36	−1.66	4.97	6.74
2003	76 851	47.3	89.83	135.50	272.63	3.55	−1.78	3.81	5.69
2004	75 705	47.94	94.52	142.05	284.51	3.76	−1.49	4.36	5.94
2005	74 544	49.43	98.14	148.60	296.17	3.97	−1.53	4.10	5.72
2006	73 160	50.65	98.76	153.2	302.61	4.14	−1.86	2.17	4.11
2007	71 496	51.44	99.84	162.165	313.44	4.38	−2.27	3.58	5.99
2008	70 399	51.23	101.11	172.1	324.44	4.61	−1.53	3.51	5.12
2009	68 938	51.95	101.96	183.00	336.91	4.89	−2.08	3.84	6.04
2010	67 113	55.40	105.48	189.77	350.66	5.22	−2.65	4.08	6.91
2011	64 989	53.36	106.60	196.44	356.40	5.48	−3.16	1.64	4.96
2012	63 747	53.95	107.67	206.22	367.84	5.77	−1.91	3.21	5.22
2013	62 224	54.68	109.05	214.74	378.48	6.08	−2.39	2.89	5.41
2014	60 908	55.20	110.51	222.45	388.16	6.37	−2.11	2.56	4.77
2015	59 024	55.43	111.32	231.31	398.06	6.74	−3.09	2.55	5.82
2016	57 308	56.21	114.72	225.05	395.98	6.91	−2.91	−0.52	2.46
2017	55 668	55.07	115.77	230.08	400.93	7.20	−2.86	1.25	4.23
2018	54 108	54.97	117.38	231.62	403.97	7.47	−2.80	0.76	3.66
2019	52 582	58.03	119.82	242.20	420.05	7.99	−2.82	3.98	7.00
2020	50 992	66.14	123.85	248.24	438.23	8.59	−3.02	4.33	7.58

附表10　2000—2020年我国城市轨道交通营业里程变化情况

年份	历年全国人口数/万人	历年全国城区人口/万人	建成轨道交通线路长度/千米	建成轨道交通城市/个数	人均城市轨道交通里程/米	城区人口增长率/%	轨道交通线路长度增长率/%	轨道交通线路增加里程/千米
2000	126 743	38 824	117	4	0.000 301 362			
2001	127 627	35 747	172	5	0.000 481 155	−7.92	47.01	55
2002	128 453	35 220	200	5	0.000 567 866	−1.48	16.28	28
2003	129 227	33 805	347	5	0.001 026 475	−4.02	73.50	147
2004	129 988	34 147	400	7	0.001 171 392	1.01	15.27	53

续表

年份	历年全国人口数/万人	历年全国城区人口/万人	建成轨道交通线路长度/千米	建成轨道交通城市/个数	人均城市轨道交通里程/米	城区人口增长率/%	轨道交通线路长度增长率/%	轨道交通线路增加里程/千米
2005	130 756	35 924	444	10	0.001 235 953	5.20	11.00	44
2006	131 448	37 273	621	10	0.001 666 094	3.76	39.86	177
2007	132 129	37 051	775	10	0.002 091694	−0.59	24.80	154
2008	132 802	36 988	855	10	0.002 311542	−0.17	10.32	80
2009	133 450	37 674	838.88	10	0.002 226664	1.85	−1.89	−16
2010	134 091	39 469	1 428.87	12	0.003 620252	4.76	70.33	590
2011	134 916	40 902	1 672.42	12	0.004 088807	3.63	17.04	244
2012	135 922	42 227	2 005.53	16	0.004 749425	3.24	19.92	333
2013	136 726	43 318	2 213.28	16	0.005 109354	2.58	10.36	208
2014	137 646	44 528	2 714.79	22	0.006 09681	2.79	22.66	502
2015	138 326	45 999	3 069.23	24	0.006 672341	3.30	13.06	354
2016	139 232	47 713	3 586.34	30	0.007 516456	3.73	16.85	517
2017	140 011	49 140	4 594.26	32	0.009 349367	2.99	28.10	1 008
2018	140 541	51 152	5 141.05	34	0.010 050591	4.09	11.90	547
2019	141 008	52 416	6 058.90	41	0.011 559345	2.47	17.85	918
2020	141 212	53 763	7 597.94	42	0.014 132347	2.57	25.40	1 539

附表 11 2000—2020 年我国定期航班航线里程变化情况

年份	历年全国人口数/万人	定期航班航线里程/万千米	人均航线里程/米	人口增速/%	航线里程增速/%	人均航线里程增速/%
2000	126 743	150.29	1.19	—	—	—
2001	127 627	155.36	1.22	0.697	3.37	2.66

续表

年份	历年全国人口数/万人	定期航班航线里程/万千米	人均航线里程/米	人口增速/%	航线里程增速/%	人均航线里程增速/%
2002	128 453	163.77	1.27	0.647	5.41	4.74
2003	129 227	174.95	1.35	0.603	6.83	6.19
2004	129 988	204.94	1.58	0.589	17.14	16.46
2005	130 756	199.85	1.53	0.591	−2.48	−3.06
2006	131 448	211.35	1.61	0.529	5.75	5.20
2007	132 129	234.30	1.77	0.518	10.86	10.29
2008	132 802	246.18	1.85	0.509	5.07	4.54
2009	133 450	234.51	1.76	0.488	−4.74	−5.21
2010	134 091	276.51	2.06	0.480	17.91	17.35
2011	134 916	349.06	2.59	0.615	26.23	25.46
2012	135 922	328.01	2.41	0.746	−6.03	−6.72
2013	136 726	410.60	3.00	0.592	25.18	24.44
2014	137 646	463.72	3.37	0.673	12.94	12.18
2015	138 326	531.72	3.84	0.494	14.66	14.10
2016	139 232	634.81	4.56	0.655	19.39	18.61
2017	140 011	748.30	5.34	0.559	17.88	17.22
2018	140 541	837.98	5.96	0.379	11.98	11.56
2019	141 008	948.22	6.72	0.332	13.16	12.78
2020	141 212	942.63	6.68	0.145	−0.59	−0.73
平均增速	—	—	—	0.542	10.00	9.40

附表 12　2010—2020 年我国客运量及旅客周转量变化情况

年份	人口规模/万人	客运量/万人	旅客周转量/亿人千米	人口增长/%	客运量增长率/%	旅客周转量增长率/%
2010	134 091	3 269 508	27 894.3	—	—	—
2011	134 916	3 526 319	30 984.0	0.62	7.85	11.08
2012	135 922	3 804 035	33 383.1	0.75	7.88	7.74
2013	136 726	2 122 992	27 571.7	0.59	−44.19	−17.41
2014	137 646	2 032 218	28 647.1	0.67	−4.28	3.90
2015	138 326	1 943 271	30 058.9	0.49	−4.38	4.93
2016	139 232	1 900 194	31 258.5	0.65	−2.22	3.99
2017	140 011	1 848 620	32 812.8	0.56	−2.71	4.97
2018	140 541	1 793 820	34 218.2	0.38	−2.96	4.28
2019	141 008	1 760 436	35 349.2	0.33	−1.86	3.31
2020	141 212	966 540	19 251.5	0.14	−45.10	−45.54

附表 13　2010—2020 年我国客运结构变化情况

年份	客运量/万人	铁路客运量/万人	公路客运量/万人	水路客运量/万人	民航客运量/万人	铁路客运量增速/%	公路客运量增速/%	水路客运量增速/%	民航客运量增速/%
2010	3 269 508	167 609	3 052 738	22 392	26 769	—	—	—	—
2011	3 526 319	186 226	3 286 220	24 556	29 317	11	8	10	10
2012	3 804 035	189 337	3 557 010	25 752	31 936	2	8	5	9
2013	2 122 992	210 597	1 853 463	23 535	35 397	11	−48	−9	11
2014	2 032 218	230 460	1 736 270	26 293	39 195	9	−6	12	11
2015	1 943 271	253 484	1 619 097	27 072	43 618	10	−7	3	11
2016	1 900 194	281 405	1 542 759	27 234	48 796	11	−5	1	12
2017	1 848 620	308 379	1 456 784	28 300	55 156	10	−6	4	13

续表

年份	客运量/万人	铁路客运量/万人	公路客运量/万人	水路客运量/万人	民航客运量/万人	铁路客运量增速/%	公路客运量增速/%	水路客运量增速/%	民航客运量增速/%
2 018	1 793 820	337 495	1 367 170	27 981	61 174	9	−6	−1	11
2 019	1 760 436	366 002	1 301 173	27 267	65 993	8	−5	−3	8
2 020	966 540	220 350	689 425	14 987	41 778	−40	−47	−45	−37

附表 14　2010—2020 年我国货运结构变化情况

年份	货物运量/万吨	铁路货运量/万吨	公路货运量/万吨	水运货运量/万吨	民用航空货运量/万吨	铁路货运量增速/%	公路货运量增速/%	水路货运量增速/%	民航货运量增速/%
2010	3 191 835	364 271	2 448 052	378 949	563	—	—	—	—
2011	3 639 888	393 263	2 820 100	425 968	557	7.96	15.20	12.41	−1.07
2012	4 038 163	390 438	3 188 475	458 705	545	−0.72	13.06	7.69	−2.15
2013	4 033 691	396 697	3 076 648	559 785	561	1.60	−3.51	22.04	2.94
2014	4 093 545	381 334	3 113 334	598 283	594	−3.87	1.19	6.88	5.88
2015	4 100 016	335 801	3 150 019	613 567	629	−11.94	1.18	2.55	5.89
2016	4 313 351	333 186	3 341 259	638 238	668	−0.78	6.07	4.02	6.20
2017	4 724 275	368 865	3 686 858	667 846	706	10.71	10.34	4.64	5.69
2018	5 062 925	402 631	3 956 871	702 684	739	9.15	7.32	5.22	4.67
2019	5 309 942	438 904	4 123 060	747 225	753	9.01	4.20	6.34	1.89
2020	4 643 956	455 236	3 426 413	761 630	677	3.72	−16.90	1.93	−10.09

参考文献

[1] 中华人民共和国国民经济和社会发展第十四个五年规划和2035年远景目标纲要 [N]. 人民日报, 2021-03-13 (001).

[2] 中共交通运输部党组. 努力当好中国现代化的开路先锋 [J]. 求是, 2022 (04): 53-58.

[3] 张许颖, 李月, 王永安. 14亿人国家: 迈向高质量发展的未来——中国人口中长期预测 (2022) [J]. 人口与健康, 2022, (08): 12-13.

[4] 中规智库. 2021年度中国主要城市通勤监测报告 [R]. 北京: 中国城市规划设计研究院, 2021.

[5] 孙鹃娟, 杜鹏. 中国人口老龄化和老龄事业发展报告 [M]. 北京: 中国人民大学出版社, 2016.

[6] 国家发展改革委综合运输研究所. 中国交通运输发展报告 (2022) [M]. 北京: 中国市场出版社, 2022.

[7] 李怡涵. 中国省际人口迁移的空间区域分布特征及相关问题研究: 基于三次人口普查数据的分析 [M]. 北京: 中国社会科学出版社, 2017.

[8] 周晓津. 基于大数据的人口流动流量、流向新变化研究 [M]. 北京: 经济管理出版社, 2020.

[9] 侯佳伟. 从七次全国人口普查看我国人口发展新特点及新趋势 [J]. 学术论坛, 2021, 44 (05): 1-14.

[10] 童玉芬, 刘志丽, 宫倩楠. 从七普数据看中国劳动力人口的变动 [J]. 人口研究, 2021, 45 (03): 65-74.

[11] 王桂新. 中国人口流动与城镇化新动向的考察——基于第七次人口普查公布数据的初步解读 [J]. 人口与经济, 2021 (05): 36-55.

[12] 吕红平, 吕沫含. 中国人口区域分布: 变化态势与原因分析 [J]. 人口与健康, 2022 (10): 20-23.

[13] 童玉芬, 和明杰, 杨欢, 等. 中国主要城市群的人口模式分类研究 [J]. 北京行政学院学报, 2022 (01): 114-121.

[14] 赵鹏军, 吕迪, 胡昊宇, 等. 适应人口发展的现代化综合交通运输体系研究 [J]. 地理学报, 2020, 75 (12): 2699-2715.

[15] 刘江鸿. 我国城市人口老龄化的交通安全问题与对策 [J]. 中国安全科学学报, 2001 (01): 39-42, 82.

[16] 冯奕淇, 郑昱宇. 我国城镇化建设中人口流动迁移活动分析 [J]. 中国报业, 2022 (08): 50-51.

[17] 许刚, 肖锐. 我国土地城镇化与人口城镇化的趋势与问题 [J]. 中国土地, 2021 (09): 11-13.

[18] 冯俊. 中国城市化与经济发展协调性研究 [J]. 城市发展研究, 2002 (02): 24-35.

[19] 盛磊. 中国交通现代化发展展望——从"胡焕庸线"两侧分析 [J]. 经济研究参考, 2016 (14): 31-37.

[20] 陈卫. 中国人口负增长与老龄化趋势预测 [J]. 社会科学辑刊, 2022 (05): 133-144.

[21] 刘成坤. 中国人口老龄化城乡倒置的时空演变趋势及影响因素研究 [J]. 经济问题探索, 2021 (12): 31-45.

[22] 李天籽, 陆铭俊. 中国人口流动网络特征及影响因素研究——基于腾讯位置大数据的分析 [J]. 当代经济管理, 2022, 44 (02): 1-9.

[23] 王庆云. 交通运输与经济发展的内在关系 [J]. 综合运输, 2003 (07): 4-7.

[24] 总报告起草组, 李志宏. 国家应对人口老龄化战略研究总报告 [J]. 老龄科学研究, 2015, 3 (03): 4-38.

[25] 罗福周, 王婷. 城市收缩背景下基础设施与人口的协调发展研究——以东北地区30个收缩城市为例 [J]. 国土资源科技管理, 2021, 38 (02): 114-127.

[26] 那彤. 城市公共交通适老性引导服务设施设计 [D]. 秦皇岛: 燕山大学, 2020.

[27] 周楠. 城市交通-人口-经济-环境复合系统协同发展研究 [D]. 天津: 天津大学, 2019.

[28] 董珂. 城市群视角下高速铁路对我国人口格局的影响分析 [D]. 北京: 北京交通大学, 2021.

[29] 李杰伟, 陆铭. 城市人多添堵?——人口与通勤的实证研究和中美比较 [J]. 世界经济文

汇, 2018 (06): 1-16.

[30] 陆杰华. 人口负增长时代: 特征、风险及其应对策略 [J]. 社会发展研究, 2019, 6 (01): 21-32+242.

[31] 范文清. 高铁影响省际人口流动的负二项重力模型分析 [J]. 中国集体经济, 2021 (12): 92-97.

[32] 冯苏苇, 陈雪词, 张雪, 等. 公共交通服务适老化满意度研究——以上海市为例 [J]. 城市交通, 2022, 20 (04): 9-17.

[33] 李志, 魏中华, 周一鸣. 国外城乡交通一体化发展经验借鉴 [J]. 交通工程, 2018, 18 (04): 43-48.

[34] 王凯, 倪少权. 国外都市圈发展对京津冀轨道交通一体化的启示 [J]. 铁道经济研究, 2016 (04): 14-20.

[35] 程相炜. 国外老工业区道路交通系统更新经验与启示 [J]. 江西建材, 2022 (04): 285-286.

[36] 柴立夫. 湖北省城市土地扩张与人口增长协调性研究 [J]. 农业与技术, 2020, 40 (24): 106-110.

[37] 于一凡. 积极应对人口老龄化的交通对策 [J]. 城市交通, 2022, 20 (04): 8.

[38] 杨继. 基于"刘易斯拐点"的我国农村人口转移趋势 [J]. 宏观经济管理, 2021, (11): 55-60.

[39] 宋崴, 赵莹, 关可汗. 基于多源数据的中国人口时空变化及流动格局 [J]. 地理信息世界, 2021, 28 (05): 100-105.

[40] 王先进, 刘芳. 基于重力模型的交通对人口迁移影响分析 [J]. 综合运输, 2006 (01): 14-17.

[41] 祝培甜, 张丽君, 李树枝. 地级以上城市用地与人口及经济协调性分析 [J]. 国土资源情报, 2021, (12): 37-42.

[42] 李祯琪, 欧国立. 交通对要素价格、人口流动和产业结构的影响分析 [J]. 经济问题探索, 2019 (05): 13-21.

[43] 贾莲莲. 交通基础设施对城际人口流动的影响研究—基于中国地级及以上城市面板数据实证分析 [D]. 武汉: 中南财经政法大学, 2020.

[44] 杨桐彬, 朱英明, 周波等. 交通基础设施对人口城市化的影响——基于高铁和城轨开通的准自然实验[J]. 南京财经大学学报, 2020(05): 26-36.

[45] 马伟, 王亚华, 刘生龙. 交通基础设施与中国人口迁移: 基于引力模型分析[J]. 中国软科学, 2012(03): 69-77.

[46] 张艳美. 交通强国战略支撑双循环发展的路径研究[J]. 商业经济, 2022(03): 150-151.

[47] 彭伟, 应国伟, 李胜等. 交通与人口相关性分析——以四川省为例[J]. 价值工程, 2018, 37(25): 198-200.

[48] 蒋慧峰. 交通运输-人口-经济系统协调发展定量研究[J]. 物流技术, 2015, 34(16): 163-165.

[49] 俞会新, 吕龙凤. 老龄化、人口流动与经济增长关系研究[J]. 价格理论与实践, 2021(09): 82-85.

[50] 杜刚诚, 马小毅, 韦兰辉. 老龄化趋势下广州市交通应对策略[J]. 交通与运输, 2023, 39(05): 84-88.

[51] 樊磊. 老龄人群智能出行产品的设计研究[D]. 广州: 广东工业大学, 2022.

[52] 陈雪明. 美国交通技术在适老交通中的应用[J]. 城市交通, 2022, 20(04): 47-52.

[53] 陈雪明, 冯苏苇. 美国老龄交通政策综述及其对中国的启示[J]. 公共治理评论, 2016(02): 3-14.

[54] 高爽. 区域流通业发展水平与人口集聚空间耦合协调性分析[J]. 经济问题探索, 2020(03): 100-106.

[55] 王泽夏, 张晓明, 廖顺意, 等. 全龄友好城市目标下广州市适老化交通对策[J]. 城市交通, 2022, 20(04): 18-27.

[56] 张甜甜, 武平, 杨东, 等. 人口变化视角下的国外交通规划经验与启示[J]. 综合运输, 2023, 45(03): 80-85, 132.

[57] 程苑, 刁晶晶, 李俊鹏, 等. 人口结构变化对交通出行需求的影响[J]. 交通与运输, 2020, 36(06): 100-104.

[58] 沙勇. 人口老龄化趋势下的基本公共服务供给探究——以江苏省为例[J]. 江苏社会科学, 2016(02): 236-241.

［59］白颖, 王森, 伍速锋, 等. 人口密度与交通强度关系研究［J］. 综合运输, 2021, 43 (08) : 21–25, 76.

［60］刘丁榕, 胡华清, 齐险峰, 等. 人口新特征对民航中长期发展影响分析［J］. 民航学报, 2021, 5 (06) : 11–14.

［61］国务院发展研究中心课题组, 马建堂, 李建伟, 等. 认识人口基本演变规律促进我国人口长期均衡发展［J］. 管理世界, 2022, 38 (01) : 1–19, 34, 20.